KB271670

교사는 수업으로 성장한다

연간 2천 명의 교사들이 방문하는 학교의
수업 혁신 이야기

수업이 즐거우면, 배움이 점프한다

맘에드림

교사는 수업으로 성장한다

발행일　2012년 12월　5일 초판 1쇄 발행
　　　　2018년 05월 30일 초판 9쇄 발행
지은이　박현숙
발행인　방득일
편　집　신윤철, 박현주, 박정화, 문지영
디자인　강수경
마케팅　김지훈

발행처　맘에드림
주　소　서울시 도봉구 노해로 379 대성빌딩 902호
전　화　02-2269-0425
팩　스　02-2269-0426
e-mail　momdreampub@naver.com

ISBN　978-89-97206-08-7 03370

수업에 관한 이야기는 너무도 많다.
그러나 우리는 여전히 수업 이야기에 목마르다.
마치 망망한 바다 위에 표류하면서
물이 없어 갈증을 느끼는 상황과 유사하다고 할까!

- 이혁규 -

모든 교사와 아이들이
수업에서 웃을 때까지

23년째 국어를 가르치고 있다. 결혼하지 않았던 시절, 남자 중학교에서 근무할 때는 국어책만 들고 들어가도 초롱초롱한 눈빛의 아이들이 교실에서 나를 맞이해 주었다. 특별히 노력하지 않아도 젊다는 것 하나만으로도 아이들이 반겨주는 그런 세월이 영원할 줄 알았다. 젊어서가 아니라 내가 수업을 잘하기 때문에 아이들이 나를 좋아하는 줄 착각을 했었다. 놀이 교사 모임에서 활동하고 있었기 때문에 수업이 지루해질 때, 시험이 끝났을 때, 5교시 나른할 때는 수업 시간 중간에 '놀이'도 살짝살짝 풀어놓을 줄 아는 센스 있는 교사라고 생각했었다. 그 시절을 지나자 살짝살짝 풀어놓는 '놀이'를 한 차시 분으로 완전히 설계하여 수업을 진행할 수 있는 능력 있는 교사라고 생각했다.

그런데 시간은 참으로 정직했다. 나에게는 절대 오지 않을 것 같은 순간들이 찾아왔지만, 여전히 나는 아이들과 소통이 잘 되는 교사라고 생각했다. 가끔 교실에 들어갔을 때 아이들이 처녀(혹은 총각) 교사를 좋아하고, 그 시간을 기다리고, 그 시간을 좋아하는 것을 보며 '그래 나도 저런 시절이 있었지. 그들도 지금은 모르겠지만 몇 년이 지나면 나와 같은 감회를 느끼겠지.'라는 생각도 했지만, 그건 감회가 아니라 교실에서 느끼는 좌절이었다.

교사의 인생에 있어 아이들이 젊은 것만으로 좋아하고 따르는 시절은 몇 년 동안일까? 젊음이 아닌 가르치는 것만으로도 따르고 좋아하는 것은 어떤 경지여야 할까? 개그맨이 되어야 할까? 그런데 세월이 지나면서 슬프게도, 젊은 교사들에겐 억울하게도, 아이들은 젊은 교사든 나이 든 교사든 그 수업 속으로 들어오지 않고 있었다. 수업 속에 있던 아이들도 수업이 진행되면서 점점 빠져나가고 있었다. 교실에는 몸만 앉아 있고 수업하고 싶은 마음이 없는 아이들로 채워지고 있었다. 수업 속에 앉아 있는 아이들의 눈빛에서 한없는 공허를 느끼는 순간, 그 공허함을 내가 채워줄 수 없다는 것을 느끼는 순간 교사는 절망한다. 그리고 '나는 도대체 뭐 하는 사람인가?'하는 정체성에 대한 번민이 덮쳐온다.

이런 번민이 들 때면, 지금 교사를 그만두면 현재 나에게 돌아오는 연금이 얼마나 될까하고 연금관리공단 홈페이지를 들락거리며 연금의 액수를 확인하는 것으로 위안을 삼기도 한다. '내가 싫으면 그만두면 되지. 그리고 이 연금 정도면 살아갈 수 있겠지.'

그렇지만 그런 식으로 그만두기에는 교사로 살아온 삶이 너무 안타깝다. 이렇게 끝낼 것이면 시작도 하지 않았을 것이며, 교사라는 직업이 현실이 어렵다고 해서, 남은 인생 연금으로 어떻게 살 수 있다고 해서 바로 그만둘 수 있다는 생각으로 살았다면 수업에서 아이들을 공부시키기 위해 그렇게 애를 쓰지도 않았을 것이며, 학급 운영을 하면서 '공동체 의식', '협동', '봉사'니 하는 가치를 심어주려 그렇게 애를 끓이지도 않았을 것이다.

나이 든 교사든 젊은 교사든 교사를 들뜨게 만들고, 가슴을 요동치게 만드는 것은 '아이들이 잘하는 순간을 확인했을 때'이다. 특히 수업에서 아이들이 자신이 가진 것을 이끌어내어 배움을 이룰 때 교사는 신바람이 난다. 이 신바람은 교사가 수업에서 좌절했던 경험, 아이들에게 받은 상처마저도 극복하게 만든다. 반면 수업에서 아이들과 갈등을 벌이면서 상처 받고 수업마저 망치고 돌아설 땐 가슴이 미어진다. 4교시에 그랬다면 점심 밥숟가락이 올라가지 않을 정도로 가슴이 아프고 먹먹하다. 이런 경험 속에서 교사는 '수업'이 교사에게 가장 중요한 일이라고 뼈저리게 느끼게 된다.

다행스럽게도 지금 혁신학교들을 시작으로 수업이 교사들에게 가장 중요한 것임을 많은 사람들이 인정하기 시작했다. 그리고 수업을 교사들이 잘할 수 있도록 제도를 정비하고 행정업무와 같은 일에서 벗어나게 해야 한다는 논의도 활발하게 일고 있고, 행정적인 지원도 마련되고 있다. 이런 변화의 노력 속에서 수업을 잘 정착시킨 학교에서 교사와 학생이 행복한 얼굴로 교실에 있는 모습을 수많은 교사와 학부모와 교육 관계자들이 보고 확인해 간다. 장곡중학교의 수업을 1년에 2,000여 명이 넘는 사람들이 찾아와서 보고 간다. 그러면서 우리나라 교육의 희망을 발견한다. 때로는 '어떻게 하면 이 학교에서 근무할 수 있지요?' 하고 묻는 교사들도 있다.

교사들은 수업으로 말하고 싶다. 그리고 교사라는 정체성을 수업에서 찾고 싶다. 이 책은 수업으로 말하고 싶은 장곡중학교 교사들의 이야기다. 이 이야기를 시작으로 이 땅의 모든 학교에서 모든 교사들이 수업 속에서 행복해질 때까지 우리는 앞으로도 꾸준히 수업으로 도전할 것이다. 이 땅의 모든 교사와 아이들이 수업 속에서 웃을 때까지 멈추지 않고 나아갈 것이다.

수업을 통하여
교사가 성장하고 있다

올겨울 일본의 한 중학교에 수업을 참관하러 갔을 때의 일이다.

2교시 과학 시간.

아이들은 네 명이 한 모둠이 되어 실험을 하고 있었다. 내가 관찰한 모둠은 남학생 둘, 여학생은 하나였다. 남학생 둘은 호흡을 맞춰 쇠구슬을 갖고 실험에 열중하고 있었으나 혼자된 여학생은 그 실험에 끼지 못하고 혼자서 어쩔 줄 몰라했다. 뒤의 모둠에 눈길을 주었으나 그 모둠은 네 명이서 호흡을 맞춰 함께 실험을 하고 있기에 이 여학생이 끼어들 여지가 없었다. 결국 혼자서 쓸쓸하게 어두운 표정으로 한 시간을 보냈다.

5교시 음악 시간.

선생님은 피아노에 앉고 아이들은 건너편 계단에 서서 합창을 준비했다 특이하게 선생님의 피아노 옆에 작은 단이 하나 있어 그 위에 한 학생이 서 있었다. 지휘자였다 모두들 지휘자를 주시하자 지휘봉이 힘차게 움직이며 '졸업의 노래(올드랭 사인)'가 울려 퍼졌다. 모두 하나가 되는 기쁨의 시간. 그 중심에 2교시에 본 그 여학생이 있었다. 지휘자로 우뚝 서서.

수업은 아이들에게 상처가 될 수도 있고 치유와 기쁨과 높은 자존감이 될 수도 있다는 것을 생각해 보았다.

결국

수업은

학생들 하루 삶의 전부요,

학창 시절의 전부라는 생각을 하게 되었다.

'수업은 학생들의 인생이다'

올해 한 방송국의 '선생님이 달라졌어요'라는 프로그램에 참여하게 되었다. 전국에서 많은 선생님들이 신청을 하였고 15명의 선생님들이 선정되었다.

좀 더 나은 모습의 선생님이 되기 위한 용기 있는 도전이었다. 그 선생님들의 변화 속 공통된 핵심은 '수업'이었다.

수업을 통해 아이들의 삶에 도움이 되고, 미래를 살 수 있는 힘을 수업 속에서 길러주기 위함이었다. 그러나 교사는 수업 개선을 위한 특별한 노력이 없으면 자신이 경험한 수업 모습을 뛰어넘기 어렵다. 그래서 많은 선생님들이 지식을 전달하고 내용을 설명하는 수업을 펼친다.

아이들은 어떠한가?

1교시부터 7교시까지 이러한 일방적인 수업을 들으며, 이것이 1년 내내, 학창시절 내내 이어진다면 대다수의 아이들은 수업을 지겹고 힘든 인내의 시간으로 생각한다. 그래서 학습에 대한 흥미도가 떨어지고 배우는 것을 싫어하게 된다. 이것은 학교에 대한 만족도가 떨어지게 되는 근원이며 결국은 현재 삶에 대한 만족도가 떨어지는 결과로 이어지는 것이다

이제 수업에 대한 새로운 시대가 열렸다.

아이들을 살리는 수업의 혁신을 위해서 '학교 전체'가 움직이고 있다. 아이들이 자발적으로 참여하여 자신의 생각을 세우는 한편 남의 생각을 잘 듣고 존중하며 자신도 인격체로서 존중받고, 그 가운데 서로 배우고 가르치는 기쁨과 행복감으로 미래의 핵심역량을 기르는 수업을 위하여 교사들이 함께 모여 공부하

고 있다. 용기 있게 실천하고, 함께 성찰하며, 끊임없이 개선하
는 수업의 혁신에 도전하고 있다

교사 개인에게는 쉽지 않은 비전 있는 도전이다.
쉽지 않기에 동료들과 함께한다.
함께 배울 때 진정으로 완성되는 동료성을 바탕으로
그래서 학교 전체가 움직이는 것이다.

이것은 거룩한 교육운동이다.
학생들에게는 '전부'인 '수업'을 위한
교사에게도 '전부'인 '수업'을 위한…

이 책은 수업 혁신을 통해 아이들을 살리는 수업을 위해 노력
하시는 선생님께 좋은 '동료'가 되리라 생각한다.

경기도 호평중학교 교장

강범식

차 례

1장

교사

반성적 실천가

'철들지 않으리.'

교사로 지내면서 그 세월의 두께가 더해질수록 이 다짐은 더욱더 깊어진다. 철이 든다는 것, 그것은 이 세상과 타협하는 것이라고 생각한다. 세상과 타협하면서 나를 깎아내고, 이상을 버리고, 다른 이의 입장을 받아들이면서 둥글게 모나지 않게 살아가는 것이리라. 그러나 교사로 살아오면서 아이들을 만나며, 철든다는 것은 아이들과 다른 어른으로 살아간다는 것임을 깨닫게 된다.

십여 년 전의 일이다.

조회를 하러 학급에 들어갔는데 커다란 강아지가 교실을 돌아다니고 있었다.

"이거 뭐냐?" 했더니,

"길 잃은 개가 길가를 돌아다니고 있길래 데려왔어요. 가만두면 차에 치일 것 같아서요."라고 아이들은 대답했다.

맞는 이야기였다. 아름다운 마음이었다.

그렇지만 '그 개를 어떻게 처리해야 하나?' 생각을 하자니 머리가 지끈거렸다.

'오늘 하루 종일 우리 반 수업은 어떻게 될 것인가?', '수업 후엔 어찌 처리할 것인가?', '키운다고 해도 과연 누가 키울 것인가?' 등을 생각하며 내가 할 수 있는 말은 한 가지뿐이었다.

"그냥 원래 있던 자리에 갖다 놔라."

이런 말을 하는 나에게 우리 반 아이들은 볼멘소리를 했다.

"동물을 사랑해야 되는 것 아닌가요?"

"누군가가 못 키우면 학교에서라도 키우면 안 되나요?"

"우리가 학급 회의에서 의논에서 한 사람씩 돌아가며 보살피면 안 되나요?"

"다시 데려다 놓으면 분명 죽을 텐데, 선생님은 너무 인정이 없어요!"

그날 나는 졸지에 인정머리 없는 못된 어른이 되고 말았다. 그렇지만 어쨌든 나는 종례 시간에 강아지를 아침에 데려온 아이에게 원래 장소에 강아지를 도로 두고 오라고 지시했다.

그런데, 그 다음 날 아이들은 그 강아지를 또 데리고 왔다! 아이들은 그렇게 며칠 동안 내 속을 박박 긁어 놓았고, 자기들끼리 수소문한 끝에 강아지를 받아주겠다는 동물 병원을 찾아가 맡기면서, 마침내 그 강아지 사건은 끝이 났다.

그 후 나는 내가 무책임하다는 생각에 며칠 동안 내내 몸을 떨었다. 그냥 아이들에게 회의를 하게 하고, 그 속에서 결정 나는 대로 해 볼 걸 하는 생각, 아이들 말대로 학교에서 키웠으면 안 되었나 하는 생각마저도 들었다.

최근에 본 일본 영화 〈P짱은 내 친구〉에서처럼 오히려 아이들 말대로 학교에서 키우는 것이 더욱 교육적이지 않았을까 하는 생각이 든다. 도덕 시간에 교과서만으로 생명 존중 교육을 하는 것이 아니라 주워온 개를 키우는 과정에서 아이들은 생명에 대한 책임과 고민을 직접 체험할 수 있었으리라. 다 큰 어른으로서 이성적인 판단을 한다고 해서 내렸던 결정이 오히려 아이들의 순수한 마음보다 덜 이성적이며 교육적이지도 않았다는 것을 몇 년의 세월이 흐른 후에 깨닫게 되었다.

아이들의 순수함은 이성의 소리이고, 자연의 소리이다. 이성과 자연이 담긴 아이들의 재잘거림 속에서 인생의 황금기를 보내는 교사야말로 이 세상에서 가장 성스럽고 아름다운 직업이 아닌가 생각한다.

내가 교사를 직업으로 선택하게 된 계기는 지극히 단순했다. 서슬 퍼런 어머니의 감시를 피해 혼자 살고 싶어서 내 고향이 아닌 경기도에서 교원임용고시를 보았고, 만만치 않은 성격의 어머니도 교사라는 직업 특성을 고려해 다른 곳에서 시험을 보는 나를 용인해 주셨다.

교사들이 그렇듯이 그럭저럭 공부는 하는 편이어서 시험에 합격할 수 있었고, 나는 내 고향 제주도에서 가장 멀리 떨어진 경기도 연천에 발령을 받게 되었다.

제주에 살면서 눈이 쌓인 모습을 거의 볼 수 없었던 나는 4월에도 눈이 펑펑 쌓여 현관문을 열 수 없는 마을이 대한민국에도 있다는 사실을 교사가 되어 눈으로 처음 보았다. 그때 만났던 나의 아이들, 그 아이들은 집 떠난 나에게 있어 어머니였고, 친구였고, 오빠였고, 언니였다.

아이들은 아침이면 뒷산에 가서 아침 운동을 하자고 문밖에서 나를 깨우기도 했고, 내가 퇴근해서 집으로 와 보면 아이들이 문고리에 대롱거리는 검은 비닐 봉투 안에 넣어 둔 깻잎과 고추가 나를 기다릴 때도 있었다. 내가 교감 선생님께 야단맞고 눈물을 흘릴 때 뒤에서 함께 교감 선생님을 욕해주던 아이들도 있었다. 늦가을 심한 향수병으로 학교 가기도 싫고 아무것도 하기 싫어서 방구들을 등에 지고 '체육대회니까 안 가도 되겠지.'라고 생각한 얄팍한 나에게, 체육대회 우승 상장과 쌍화탕 한 병을 들고 찾아와 "선생님이 아프셔서 안 계시지만 꼭 이겨서 기쁘게 해드리자고 애들이 울면서 피구했어요."라고 아이들이 해준 말은 내게 부끄러움과 교사로서 사표가 무엇인지를 몸으로 알려주었다.

그 아이들이, 추위와 외로움을 견디지 못해 사표를 내고 집으로 돌아가고 싶던 나를 교직의 길에 남아 있게 하였고 지금까지 지치지 않고 교사로서의 한길을 걸을 수 있게 해주었다.

많은 사람들이 지금 나에게 묻는다.

“혁신학교 힘들지 않으세요?”

“네, 힘들지 않아요. 우리 학교에 와서 아이들을 한번 보세요. 이런 아이들을 만날 수 있다는 것은 기적을 경험하는 것이지요. 매일매일 기적이 있는데 뭐가 힘들겠어요.”라고 나는 말하고 싶다.

학교의 공공성을
어디서 찾을 수 있는가?

'학교란 무엇인가?'라고 누군가 내게 물어보면, 군자공고에서 근무할 때 경험을 말해주고 싶다. 중학교에서 10년 이상 근무하다 처음으로 고등학교에 발령이 났는데, 하필이면 전문계 고등학교였다.

첫 시간에 들어가서 『국어[상]』을 펴라고 했더니, 아이들이

"국어 시간에 수업도 해요?"

"아이 선생님~ 왜 그러세요. 우린 에브리데이 자율학습했어요."라고 했다.

중학교에서 진도 꼬박꼬박 나가던 교사로서는 절대로 받아들일 수 없는 상황이었다. 나는

"이제부터 에브리데이 국어 시간 할 거야."

라고 대답하고 국어책을 꺼내라고 지시했다.

그랬더니 아이들은 책상 위로 엎드려 버렸다. 화가 나 고함을 치면서 책 꺼내라고 했더니 몇몇은 책상을 뒤적거리고, 사물함에 갔다 왔다 하면서 국어책을 꺼냈다.

그 모습을 보며 엎드린 아이들한테 화를 버럭버럭 내면서 국어책을 꺼내라고 했더니, 아이들은 벌떡 몸을 일으키며

"국어책이 없는데 어떻게 꺼내요!"라고 했다.

알고 보니 한 반에 국어책을 가진 학생이 다섯 명도 채 안 되었다. 그런 상태로는 도저히 수업을 할 수 없었다. 그래서 아이들에게 한 시간 내내 잔소리를 했다.

"국어 시간엔!"

"반드시!"

"국어책이!"

"있어야 한다!"

이렇게 잔소리를 퍼부었더니 아이들은 다음 시간에 다른 과에서 국어책을 훔쳐왔다. 이후 국어책 훔치기는 국어 시간마다 반복되었다. 자기 책은 없고, 전 시간 '전자과'에서 봤던 책

이 다음 시간엔 '섬유과'에 있었고, 그다음 시간에는 '전기과'에서 보였다. 남의 과에까지 가서 책을 훔쳐 오는 노력이 가상하기도 했으나 '내 책'이 아닌 주인이 누구인지 모를 책이 수업 시간마다 떠돌아다니는 것도 정상적인 상황은 아니었다.

그런데 그 아이들과 수업을 하면서 정작 문제는 책이 '있고' '없고'가 아니라는 것을 알게 되었다. 아이들은 우리나라 고등학교에서 배우고 있는 책의 내용을 전혀 이해하지 못했다. 심하게 말하면 전문계 고등학교 학생들에게 『국어[상]』은 우리말로 쓰인 '외국어' 책에 가까웠다.

심지어 '섬유과'에서 수업을 진행할 때는 '가로', '세로'의 단어 뜻을 놓고 한 반의 아이들이 두 패로 나뉘어서 그 뜻을 가지고 서로가 옳다고 우겼다. 이런 아이들에게 『국어[상]』은 문자를 읽을 수는 있으나 그 뜻은 도무지 알 수 없는, 찌아찌아족의 말을 한글로 표기한 책을 읽는 듯한 느낌이라고 해야 할까? 결국 『국어[상]』 교과서를 버리고 대단원명에 따른 학습 목표에 맞추어 수준이 낮은 제제(題材) 글을 가져와서 수업을 해야만 했다. 교과서가 필요 없게 된 것이다.

그러던 어느 날 「용비어천가」를 가르치는 단원에서 나는 벼랑 끝을 보았다. 「용비어천가」를 무엇으로 대체할 수 있단 말인가? 결국 고전 시가에서 글을 가져와야 하는데 이 아이들에게 어떻게 고전 시가를 이해시킨단 말인가? 그것만이 아니었다. 더 큰 벼랑이 앞에 있었다. 그것은 내가 내 마음대로 제재 글을 바꾼 것에 대한 책임이었다.

'우리나라에서 고등교육을 받은 사람이라면 모두가 「용비어천가」를 알고 있는데, 이 아이들만 모른다면 나중에 나는 이 아이들에게 무엇이라 말할 수 있을 것인가?'라는 생각이 나를 덮쳐왔다.

이런 생각들로 전전긍긍하면서 '학교에서 배우는 모든 것'의 의미가 일시에 내게 달려드는 느낌을 받았다. 우리나라 사람들은 어떻게 황순원의 『소나기』를 다 알고 있는가? 김소월의 시 「진달래꽃」은 어떻게 알고 있는가? 구구단은? '땡큐'(Thank you)라는 영어는?

학교는 한 사회에서 상식으로 통하는 인지적 지식을 배우는 곳이었다. 이곳에서 배우지 못하면 교양이 없는 사람이 될 수도, 모두가 다 아는 것을 혼자만 모를 수도 있는 결과가 만들어지는 곳이었다.

교과 교사를 떠나 학교라는 곳을 생각하면 더더욱 그랬다. 한 나라를 지탱하고, 한 인간의 삶의 방식과 생각의 방식을 가르치는 곳이 학교였다. 사회에서 필요한 인간을 만들어내는 곳, 이곳을 거쳐 가면서 인간은 그 사회에서 통용되는 삶의 방식을 익혀가고 한 사회를 구성하면서 다시 새로운 삶의 방식을 만들어 간다. 그래서 학교를 공교육 기관이라고 하는 것이고, 공교육이 잘되어야 그 사회가 건강하게 유지되고 발전하는 것이다.

그런데 교사로서 가끔씩 이 사실을 망각할 때가 있다. 학교라는 총체적인 의미를 생각하지 못하고 수업에만 매몰되다 보면 진도 빼기에 급급해지고, 왜 내가 진도를 나가야 하는지, 수업이 상급 학교 진학을 위한 수단에 불과한 것처럼 느껴지고 이것은 수업의 차원을 밑바닥으로 내려버린다.

만약 학교가 상급 학교 진학을 위한 기능만 가지고 있다면 학교는 없어져도 상관이 없다. 상급 학교에 진학하지 않거나 검정고시를 보는 사람에게 학교는 전혀 필요 없는 곳이다.

그러나 진정으로 학교는 필요 없는 곳인가? 이 질문을 곰곰이 생각해 봐야 한다. 정말 필요하지 않은 것이었다면 학교는 이미 없어졌을 것이었다. 학교가 사라지지 않고 지금껏 존재하는 것은 학교가 단순히 상급 학교 진학을 위한 입시 교육만을 하는 곳이 아닌, 한 사람의 시민을 그 사회에 맞게 길러 내는 역할을 하는 곳이기 때문이다.

그럼 앞으로는 어떻게 될 것인가? 지금처럼 입시 교육에만 연연한다면 학교는 없어질지도 모른다. 입시 교육이라는 면으로 보면, 학부모들은 이미 학교를 신뢰하지 않는다. 학교가 앞으로 건재하려면 학교는 학교의 본질인 공교육에 충실해야 한다. 미래를 살아나갈 건전한 시민을 키워내는 것, 학교 안의 이벤트가 아닌 수업 속에서 그런 학생들을 길러 내는 것, 그것이 학교를 공교육 기관으로 건재하게 할 것이다.

왜 지금
수업을 바꿔야 하는가?

학교가 미래를 살아갈 시민을 키우는 곳이라면, 수업은 그런 시민이 성장할 수 있도록 그 내용이 채워져야 한다. 미래 사회는 스마트폰이 대변하듯 기존의 것들이 서로 얽히고 합쳐져서 새로운 것으로 탄생하는 통섭과 융합의 시대이다. 그렇기 때문에 단편적인 지식으로서는 어떤 것도 할 수 없으며 그런 지식으로 만들어진 것은 상품으로서의 가치를 인정받지 못한다. 이런 사회에서 사람들은 집단 지성으로 협력하고 소통을 해야 하며, 따라서 협력과 소통의 능력이 미래의 핵심 역량으로 꼽

히고 있다.

미국의 금융 위기로 시작된 각국의 금융 위기는 만성적인 경제 위기의 반복을 낳고 있다. 금융 위기에서 빚어진 경제 위기는 모두의 삶을 어렵게 만들지 않았다. 위기 속에서도 가진 사람들은 더 많은 부를 축적하게 되었고, 중간층은 빈곤층으로 떨어져 버렸다. 그 결과 사회에서 살림살이의 격차는 더욱 심화되었고, 그것으로 인한 사회의 갈등은 더욱 깊어졌다. 사회 갈등이 심화된 이런 상황에서 미래에 필요한 우리의 역량은 갈등을 조정하고 조율할 수 있는 능력이다.

우리나라에서 최근 10년의 변화를 보면 지역사회 구성원들마저도 전통과 문화가 서로 다른 사람들로 변해가고 있는 것을 느낄 수 있다. 끊임없이 이주 노동자가 들어오고 있으며, 결혼 이민은 더 이상 낯선 풍경이 아니다.

국적이 다를 뿐 아니라 문화적 전통, 계절적 경험, 정치적 인식의 차이를 좁히기 힘든 사람들이 우리 사회의 새로운 구성원이 되고 있다. 이런 사회를 살아가며 필요한 것은 상대를 이해하고, 그 바탕에서 상대방에게 나를 이해시키는 능력이다. 다양성의 사회에서 보편타당한 감성과 정의감을 가지고 살아갈 수 있어야 하는 것이다. 이런 능력은 주입식 수업으로는 결코 만들어질 수 없다.

학교 수업은 입시를 잘 치르기 위해서 존재하는 것이 아니라 미래를 살아갈 학생들이 그 사회에 적응할 수 있는 능력을 키워내 그들이 사회에 잘 적응하고 더 나은 미래를 만들어 갈 수 있도록 돕기 위해 존재하는 것이다. 수업에서 만들어진 능력과 생각을 가지고 아이들은 사회에 나가 자신을 위해 살아가게 될 것이며 공동체의 일원으로서 사회를 더욱 발전적으로 만들 것이다.

그렇기 때문에 수업에서 '지식'만을 다루고, 암기하는 것은 적절하지 않다. 그 지식의 가치는 무엇인지 현실과 연결해서 생각하는 능력과 그 생각의 영역을 넓히는 과정이 필요하다. 그것을 통해 아이는 건강한 민주 시민으로, 공동체의 굳건한 일원으로 성장하는 것이다.

그런데 일반적인 학교에서 진행되는 일제수업으로는 이러한 교육 목표에 도달하기 어렵다. 주입식 암기식으로 진행되는 수업 속에서 혼자 배우고 자란 학생이 사회의 일원이 되었을 때 갑자기 창의적이거나 협력적인 사람이 되거나 의사소통 능력이 생겨나는 것은 아니기 때문이다.

2012년 9월 한 중학교에서 보았던 수업이 생각이 난다.

3학년 영어 수업이었는데, 교사 중심의 전형적인 수업을 하고 있었다. 멀티미디어에 교과서 본문을 띄워 놓은 상태에서 교사가 본문을 해석하고, 학생들은 교사의 해석을 들으면서 교사가 질문을 하면 대답하는 방식으로 수업이 진행되고 있었다. 교실에 들어서는 순간 나는 1학년, 2학년 수업에서는 느낄 수 없던 '모두의 영혼이 없는 공간'이라는 느낌을 받았다. 교사는 자신이 알고 있는 지식을 교실 안에서 말하고 있었는데 이는 아주 기술적으로 진행이 되고 있었다. 그러면서 간간히 학생들에게 묻기도 하면서 밑줄 치라고도 하고, 중요한 부분이라고 강조하기도 하였다. 여기에 학생들 역시 아주 기계적으로 교사가 하라는 대로 하고 있었다. 학생들은 밑줄 그으라는 부분에 긋고, 물어보면 대답도 했는데, 그것은 자신의 '의지'에서 나오는 행동이 아니라, 누군가의 '지시'에 충실히 따르는 모습이었다. 교사의 질문에 서너 명이 대답하고 있었고, 대답 없이 시키는 대로 하는 학생이 다섯 명 정도, 대답하지 않고 하라는 대로 하는 학생은 서너 명, 그 외에는 엎드려 있거나 자거나 멍하게 앉아 있거나 다른 행동을 하고 있었다.

이런 교실에서 수업하는 교사의 영혼은 대체 어디에 있으며, 그렇게 앉아 있는 아이들의 영혼은 어디로 사라졌을까? 이런 교실에서 교사와 학생의 신뢰는 만들어질 수 있을까? 여기서 누가 배우고 있을까? 참으로 답답하고 슬픈 교실의 모습이었다.

가끔 학생들과 이런 대화를 할 때가 있다.

"선생님, 저 이번 시험에 국어 공부만 했어요."

"왜?"

"선생님이 좋아서 국어만 하게 돼요."

물론 반대의 경우도 있다.

관계가 별로 좋지 않은 아이가 화를 내며,

"선생님 미워요. 나 국어 안 할 거야."라고 말하고 수업 시간에 엎드려 버리면 그 아이에 대한 대책은 아무것도 없다.

이러한 상황들이 의미하는 것은 무엇일까? '배움'이란 좋은 관계에서 만들어진다는 것이 아닐까. 아무리 잘 가르치는 교사라 해도 학생들과 좋은 관계를 만들지 못하면 그들에게 '배움'을 줄 수 없다는 것을 의미한다. 서로 신뢰하는 가운데에서 참된 '배움'이 일어난다. 또한 '배움'은 일방적으로 주는 곳에서는 일어나기 힘들다. '배움'은 배우는 사람이 주체적으로 참여할 때 일어나는 것이기 때문에 일방적으로 주는 곳에서는 '배움'이 아닌 '암기'가 일어나기 쉽다. '배움'과 '암기'는 '지속'과 '일회성'이란 큰 차이가 있다. 수업 속에서 잘 배운 아이는 시험에서도 좋은 결과를 가져오지만 시험이 끝나도 그것을 자신의 것으로 간직하고 있다. 그러나 단순히 그것을 암기한 아이는 시험에서 좋은 결과를 가져올지 아닐지에 대한 확신도 갖지 못할 뿐더러 시험이 끝나면 다 잊어버린다.

장곡중학교에서 2009년 본격적으로 수업 혁신을 시작하기 전
과 이후 현재의 모습을 비교해 보면 분명한 차이가 드러난다.

2009년 2학년 수업 시간에 아이들에게 1학년 때 배운 내용을
확인하려고 했다.

"내용 구조도 1학년 때 배웠지?"라고 물어보면,

모든 학생들이 입을 모아 대답을 한다.

"아니요."

절대 그럴 리가 없다. 1학년 국어 교과서에 있는 것이기에 어
떤 교사도 그것을 가르치지 않고 중간고사를 치렀을 리가 없기
때문이다. 배우지 않은 것이 아니라, 암기했던 것을 잊어버린
것이다.

그러나 '배움'이 있는 수업은 그렇지 않다.

2012년 5월에 논술문에 대한 수업을 한 적이 있다. 이 수업에
서 '전형적인 논술문의 형식'을 다루는 중이었다. 이때 한 학생
이 나에게 물었다.

"'전형적'의 뜻이 뭐예요?"

"사전에서 한번 찾아볼래?"

이렇게 내가 대답하자 여러 명이 뒤에 있는 학급 문고로 뛰어
가서 사전을 가져와서 뜻을 찾았다. 그런데 애초에 질문을 했
던 학생은 사전에 나온 '일반적이고 본질적인 특성'이란 구절

자체를 이해하지 못했다.

"사전이 더 어려워요."라고 말을 했다. 그러자 함께 사전을 찾아본 학생이

"그러니까 공통된 것을 말하는 거야. 너랑 나랑 학생 맞지? 그런데 평범하잖아. 그러니까 '너와 나는 대한민국의 전형적인 학생이다.'라고 해도 돼. 선생님, 맞지요?"

이렇게 설명을 했다. 그 설명을 들은 교실 안의 학생들은 모두 '전형적'이란 용어를 이해하게 되었고, 이후 아이들은 종종 '전형적'이란 용어를 사용하였다.

"선생님, 이번 논술 시험은 중학교 2학년 정도면, 서론·본론·결론 이렇게 해서 5개 단락으로 '전형적'인 논술문 형식으로 써도 괜찮은 글인 거죠?"

"선생님, 책에 나온 이 글은 '전형적'이 아니라서 구조 파악이 힘들어요."

수업에서 배운 용어를 이렇게 잘 이해해서 수업 내용을 충분히 이해한 후에 현실에까지 서용하는 것은 수입식 수업에서는 좀처럼 일어나기 힘든 일이다.

애초에 어떤 단어를 들어본 적이 없는 학생은, 사전을 보고도 '전형적'을 이해하지 못한 학생처럼, 사전에서 그 단어를 찾아도 사전에 나온 뜻풀이를 이해하지 못하는 경우가 더 많다. 기

본적인 어휘력이 부족하기에 그런 것이며, 이것은 학력 저하의 원인이기도 하다. 이런 아이들은 대체로 수업을 포기하게 된다. 그러나 서로 관계가 좋은 교실에서는 이런 아이들이 자신이 모르는 것을 질문하고, 그 질문에 교사가 응대하고, 친구들이 응답한다. 응대와 응답 속에서 서로 배워가는 것이다.

주입식 수업이 진행되는 학교에서는, 수업은 수업이고, 학생의 행동은 행동이라고 생각하는 경향이 있다. 그래서 학생에 대해서는 늘 '지도'가 필요하다고 생각했다. 수업에서는 학습 '지도'를 하고, 수업 밖에서는 생활 '지도'를 했다. 대표적인 생활지도 장소는 아마도 '교문'과 '학생부실'일 것이다.

이런 이분법적인 생각은 이 나라의 모든 학생부 교사들을 학생들에게 '공공의 적'으로 만들었다. 또한 학생부를 학교 업무의 '3D' 부서로 전락시켜 버렸다. 학생부는 학생들의 생활 지도를 위한 부서이며 아침에 교문에 서서 등교하는 아이들의 머리와 복장을 지도하는 것이 주 업무라고 생각하였다. 그런데 이런 것이 학생들의 생활에 대한 지도라면 지금처럼 변화하는 사회에서 더 이상 학생부가 존재할 필요가 있을까 하는 생각이 든다. 특히나 '학생인권조례'에서 보이는 것처럼 학생 인권에 대한 인식이 3~4년 전과는 완전히 변해버린 시대에 시대착오적인 생활지도를 학교에서 지속해야 할 필요가 있을까 생각이 든다.

상대에 대한 이해와 배려, 공동체 사회를 살아가는 법, 생각이 다른 사람을 인정하는 것 등 인간과 인간의 관계를 만들고 공동체의 일원이 되는 방법을 학생들이 스스로 생각하고 판단함으로써 자신들의 규범과 문화를 만들어가는 방식을 배우는 과정이 학교에서 이루어져야 할 것이다.

왜
학교 수업을 공개하는가?

교사가 하는 가장 중요하고도 본질적인 일은 수업에서 학생들의 배움을 돕는 것이다. 교사가 학생들과 함께 만들어가는 수업은 학교의 가장 공적인 활동이다. 공적인 활동은 공적인 자리에서 논의되어져야 하며, 그런 논의를 통해서 발전적인 방향으로 나아간다. 공공의 영역에 있는 공공의 사안이 사회 공동체를 이루는 모든 사람들에게 공개되는 것이 원칙이므로 수업은, 수업에 방해가 되지 않는다는 전제 위에서, 동료 교사는 물론이고 학부모, 지역 주민 등에게 모두 공개되어야 한다.

그런데 우리나라에서는 아이러니하게도 교사의 가장 공적인 영역인 수업이 가장 폐쇄적이고, 가장 개인적인 영역으로 간주되어 왔으며, 공적인 자리에서 진지하게 논의되지 않고 기껏해야 한판의 쇼처럼 형식적인 논의 대상이 되어왔을 뿐이다. 또한 교사의 수업에 대한 논의는 해서는 안 되는 금기 영역으로 여겨졌다. 참 이상한 현실이다. 그런 풍토였기에 교사가 되고 수십 년이 흘러도 수업에서 아이들의 배움에 도움을 주는 능력은 크게 성장하지 못한다. 수업은 공유되지도 않고, 수업의 발전 방향도 모색되지도 않는 이상한 시스템이 우리나라 각급 학교에 공고히 자리 잡고 있는 것이다.

이런 이유 때문에 일반적으로 교사의 전문적 역량도 시간이 흐르면서 쌓이는 것 이상으로 향상되지 않고 있다. 학교 안에서 교사들이 서로의 수업에 관한 논의를 나누고 고민하는 연구들이 잘 이루어지지 않아, 신규 교사가 왔을 때 10년 이상 교사로 일하고 있는 선배조차도 선뜻 나서서 후배들에게 자신의 수업 노하우를 알려주고 수업에서 겪는 여러 가지 어려운 점들을 풀어나갈 수 있도록 돕는 '멘토' 역할을 하는 경우가 거의 없다.

또한 학교에서도 수업에 대한 고민들을 공유하려 하지 않기 때문에 지역사회나 학부모들은 수업에 대한 불만만을 이야기할 뿐 그것을 교사들과 함께 고민하고 해결해야 할 문제라고

● 모둠 활동이 진행되는 장곡중학교 수학 수업 모습.
교사 중심 일제수업을 활동 중심 수업으로 바꾸기 위해서는 학교 구성원 모두 함께 노력해야 한다.

인식하지 못하고 있다. 수업에 대한 고민은 교사의 것이기도 하지만, 그것은 본질적으로 학생의 배움에 관한 문제이며, 가정과도 매우 밀접하게 연결되어 있어 모두가 함께 끌어안고 가야 하는 문제이다.

교사 개인이 '내 수업이니까 나 혼자 끌어안고 가야 한다.'고 생각해 버리면 그것은 지극히 사적인 영역이 되어 버린다. 그러나 수업은 엄밀히 말해 공적인 영역의 것이다. 수업에서 생기는 여러 가지 문제들 전부를 교사가 혼자서 해결할 수는 없다. 수업에 관한 문제는 학교라는 공동체와 학교를 둘러싸고 있는 지역 공동체 속에서 자라나는 학생들 전반에 관한 문제이기 때문에, 이를 함께 공유하고 다 함께 해결 방안을 모색해야 한다.

대한민국 많은 교사들이 기존 수업 방식을 바꾸고자 한다. 특히 일제수업 방식 대신에 새로운 수업 방식을 실현하려고 많은 노력을 하고 있다. 그렇지만 선뜻 바꾸지 못한다. 설혹 바꾼다 하더라도 웬만한 교사들은 일주일을 버티지 못하고 다시 과거의 수업 방식으로 되돌아간다. 그렇게 되는 가장 큰 이유는 학생들이 소란스럽고 새로운 방식에 잘 따라주지 않아서 수업을 진행할 수 없기 때문이다. 교사들 스스로도 불만족스럽게 느끼고 학생들에게 수업의 효과가 크지 않다는 것을 알면서도, 그리고 수업 참여율이 1/3 정도밖에 혹은 그 이하일 수도 있다고 생각하면서도 그냥 평소의 수업을 한다. 그러면서 동시에 수업 방식을 바꾸어야 한다는 생각에 방학이면 이런저런 연수를 찾아 기웃거리는 것을 멈추지 않는다.

그렇지만 수업이란 것은 교사 혼자서는 결코 바꿀 수 없다. 교사가 혼자 수업 방식을 바꾼다 하더라고 수업 자체는 변화되지 않기 때문에 교사가 그런 변화를 지속하지 못한다. 수업 방식을 바꾸려면 학교에 있는 교사들이 함께해야 한다. 그리고 교사들의 전체 수업이 바뀌려면 학교의 시스템도 거기에 맞춰 바뀌어져야 한다.

한 가지 예를 들어 생각해 보자. 어떤 교사가 방학 동안 수업에 대한 좋은 연수를 받고 이것을 새 학기에 적용해야겠다는 생각을 한다. 주입식 수업의 경우는 대부분 교과서 차례대로 교사가 지닌 교과 지식을 쉽게 학생들에게 설명을 하고, 학생들의 이해를 돕기 위해 예를 들기도 하면서 진행된다. 그렇기 때문에 교과서를 충실하게 이해시키는 것에 중심을 두게 된다. 그런데 일단 수업을 바꾸려고 하는 교사는 교과서를 차례대로 전달하는 방식을 벗어나려는 것이기에 일단 교과서를 재구성하는 일부터 시작해야 한다. '학생 중심 활동'을 강조하는 수업이든, '배움 중심'을 강조하는 수업이든 교사가 설명하려는 부분은 전부 학생들이 해결해야 하는 활동으로 설계가 된다. 이것이 수업으로 펼쳐지는데 이 과정에서 교사는 연수받을 때 '돌아가서 이렇게 수업을 하면 아이들이 좋아하고 잘 배울 거야.'라고 했던 생각이 환상이었다는 것을 깨닫게 된다.

일반인들은 교사가 학교에서 학생들을 가르치는 일밖에 하지 않는 줄 아는 경우가 많다. 은행원들의 업무를 입금과 출금만으로 여기는 것과 비슷하다. 그러나 은행이 문을 닫고도 그 안에서 은행원들이 하는 다른 일이 많은 것처럼 학교 안의 교사들도 수업 이외에 학생들의 여러 문제들, 학부모와 관련된 일, 교육청과 같은 다른 기관에서 요구하는 일 등 수업 외에 해야 할 일들이 많다.

여기서 수업은 교실이라는 교사 자신과 아이들만 있는 공간에서 벌어지는 일인 반면 나머지 것들은 교실 밖에서, 남들이 보는 눈앞에서, 혹은 공적인 서류로 확인되는 일이다. 그렇기 때문에 학교에서 수업을 준비하는 일과 다른 일이 동시에 주어졌을 때, 보통 교사들은 전자보다 후자에 더욱 신경 써야 한다는 무언의 압력을 받는다. 수업 준비를 하지 않았다고 해서 수업을 못하는 것이 아니기 때문이다. 또한 수업 이외의 일들은 그때그때 하지 않으면 안 될 때가 대부분이라 많은 학교 현장에서 교사들이 수업 준비보다 다른 업무를 보고 있는 경우가 많다. 이런 이유로 교사들은 연수에서 배운 것을 수업으로 설계할 수 있는 충분한 시간을 확보하기 어렵고, 설계되지 않은 수업은 어쩔 수 없이 교과서를 충실하게 설명하는 방식인 주입식으로 진행될 수밖에 없다.

교사들 중에는 학교 업무 후 집으로 가서 수업 설계를 하는 경우도 있다. 그러나 설령 교사가 열정이 넘쳐서 가정에서 수업 설계를 하는 경우라도 수업에 이를 적용하는 데에 또 다른 어려움에 부딪히게 된다. 일반적인 교사 중심 수업을 생각해 보면, 그 속에서 활동 중심의 수업을 하는 어려움을 짐작해 볼 수 있다.

교사 중심 수업에서 바람직한 학생의 태도는 바른 태도로 앉아서 교사가 하는 말을 충실히 듣고 중요한 것을 메모하고, 교사가 칠판에 적는 것을 놓치지 않고 바로바로 적는 것이다. 그런데 이런 태도를 6교시 이상 요구받는다는 데에 학생들의 고통이 있다.

학생들은 기본적으로 끊임없이 움직이고 활동하는 존재인데, 조용히 앉아서 교사가 하는 질문에만 대답하는 수업에서 학생들이 받게 되는 억압은 생각보다 더 크고 그것은 학업 스트레스의 요인이기도 하다. 이렇게 스트레스가 쌓인 아이들은 활동 위주의 수업에서 억압된 욕구가 분출하게 되고, 교사에게는 수업이 난장판이 되는 것으로 비춰진다. 열심히 준비한 교사와 그 수업 시간에 스트레스를 해소하는 학생들 사이의 현실적인 갈등이 결과적으로 활동 중심, 배움 중심 수업을 지속하지 못하게 만든다. 그런데 안타깝게도 문제는 여기에 그치지 않는다.

위의 두 가지 경우를 초인적인 노력으로 참고 인내하며 수업을 이끌었다 할지라도, 중간고사 문제를 출제하는 과정에서 교사는 커다란 좌절을 경험한다. 교과서를 충실하게 가르친 교사는 당연히 교과서 중심으로 아주 세세한 부분까지 시험 문제로 출제할 수 있다. 그런데 활동 중심, 배움 중심으로 학생들을 가르친 교사는 수업을 설계하면서 학습 목표 중심, 대단원 중심으로 활동을 만들고, 학생들은 그것을 탐구하고 해결하면서 원리를 이해하는 학습 과정을 거치게 된다. 그렇기 때문에 교사는 교과서에 있는 지문을 그대로 인용하기보다는 교과서 이외의 지문을 이용하기도 하고, 교과서 활동보다 더 어려운 문제를 시험으로 낸다.

이렇게 두 교사가 서로 다른 수업 방식을 적용한 결과를 평가하는 시험 문제를 출제하게 될 때 두 교사는 충돌을 겪게 된다. 교과서 중심으로 수업을 진행한 교사는 '안 가르친 것을 내면 어떻게 하느냐?'고 불만을 갖게 되고, 활동 중심으로 교과서를 재구성해서 수업을 진행한 교사는 '이렇게 지엽적이고 학습 목표하고는 상관없는 것을 내면 어떻게 하느냐?'하는 불만을 갖게 된다. 이러한 갈등이 발생하게 되면, 활동 중심으로 교과서를 재구성해 수업을 진행한 교사가 더 큰 어려움을 겪는다. 우리나라 학교에서는 언제나 교과서가 기준이 되기 때문이다. 결국 교과서 밖의 문제는 전부 교과서 안의 내용으로 고쳐져야만 하게 되는 것이다. 활동 중심으로 가르쳤던 교사는 시험 며칠 전 학생들에게 교과서 내용을 다시 정리해줘야 한다. 그렇게 하지 않으면, 가르쳐주지도 않은 내용을 시험 문제로 내는 것이 되어버리기 때문이다. 그 교사는 시험 문제를 고치고 시험 전 총정리를 하면서 다시 한 번 곤혹스러운 과정을 겪는다. 학생들은 총정리를 하는 교사에게 "왜 시험 전에 펑펑 놀다가, 이제 와서 진도를 빼요?"라고 항의하고, 다시 이것은 학부모의 항의 전화로 이어진다. 결국 상처 받은 교사는 변화하고자 시도했던 수업을 버리고 다시 교사 중심의 안전한 방식의 수업으로 돌아간다.

이처럼 한 명의 교사가 혼자서 자신이 맡고 있는 교과 수업을 바꾸려는 시도는 실패를 피할 수 없다. 학교에서 함께 학생들을 가르치고 있는 교사들이 모두 함께 노력을 해야만 실제 수업의 변화가 가능하다.

현재 많은 교사들이 한 번도 본 적이 없는 배움 중심의 수업, 이론으로는 알지만 실제로는 배워본 적이 없는 수업 방식을 어떻게 적용해야 할 것인가 하는 고민에 부딪히고 있다. 수업에 대한 교사들의 고민은 수업에서만 해결될 수 있다. '내가' 막막하다고 느꼈던 부분을 다른 교사는 어떻게 해결하는지 보고 배울 수 있다. '내가' 다른 교사에게 도움이 되는 반대의 경우도 마찬가지다. 수업을 함께 관찰하고 연구하면서 각자가 가지고 있던 문제를 함께 발견하고 함께 노력하면서 발전해나가는 것이다.

내가 처음 수업 방식을 바꾸면서 가장 힘들었던 것은 모둠 만들기였다. 놀이로 수업을 설계하여 진행하는 놀이 수업에 나는 꽤 자신이 있었지만, 그럼에도 불구하고 매시간 모둠을 만들어서 수업을 진행하는 데는 부담이 있었다.

아이들에게 수업 내용을 설명하고 끝나기 15분 전쯤에 모둠 활동을 진행한 후 그 결과를 정리하는 수업을 하던 나로선 한 시간에 두세 번 모둠을 만드는 것은 실로 모험과 같은 일이었다. 그리고 모둠을 푸는 것도 어려웠다. 매번 모둠을 풀어야 할지, 두세 문제를 해결하고 난 후에 모둠을 풀어야 할지는 그 당시 큰 어려움이었다. 활동지도 골칫거리였다. 요즘은 워낙 교과서가 활동 중심으로 하도록 만들어져 있는데 굳이 새로운 활동지를 만들어야 하는지 회의가 일었다. 교과서의 문제도 좋은데 왜 수준 높은 문제를 내야 하는지, 시험에도 안 나올 수준 높은 문제가 왜 필요한지도 이해가 되지 않았다. 지금 생각해 보면 그 낭시 내 수업은 모양만 흉내 낸 '무늬만 배움의 공동체' 수업이었다.

그런데 이런 의문들이 다른 동료 교사의 수업을 보면서 조금씩 이해가 되기 시작했다. 수업 시작하자마자 아이들에게 모둠을 만들게 하고 그들에게 활동을 주는 젊은 교사들의 수업을 보니, 교사가 혼자 설명만 하는 수업보다 모둠을 만들고 활동하는 수업에 아이들이 훨씬 더 적극적으로 참여하고 있다는 사실을 알았다. 수업을 공개하기 위해 활동지를 만들 때 같은 과목의 교사들이 함께 고민하는 과정에서 교과서를 뛰어넘을 수 있는 과제가 만들어진다는 것도 깨닫게 되었다. 이런 좋은 과제들은 아이들을 한 사람도 빠짐없이 수업으로 빠져들게 만들 수 있다는 것도 알게 되었다.

이렇게 배운 것들은 바로 내 수업의 발전으로 이어졌다. 아이들의 배움을 생각하다 보니 교과서에서 어떤 활동들이 먼저 진행되어야 하는지 생각이 떠올랐고, 활동 순서대로 과제를 부여하자 교과서를 뛰어넘는 하나의 그럴듯한 활동지가 만들어졌다. 수업 공개에서 배운 것들이 끊임없이 수업으로 들어와 적용되고, 내 수업이 발전하는 것을 스스로 느끼게 되면서, 어느 누구의 강요가 아닌 나 자신의 필요로 나의 수업을 바꿔가고 있었다.

이런 방식으로 수업을 설계하고 진행하는 능력은 점차 성장해갔다. 그리고 나만이 아니라 함께 노력한 우리 학교 교사들 모두가 이런 성장 과정을 겪었다. 나에게 있어 19년 동안 시간이 만들어준 교사로서의 성장보다는 수업을 바꾸기 위해 노력을 하며, 동료 교사들의 수업을 보고 함께 연구하고, 다시 돌아와 내 수업을 고민했던 지난 2년 반의 성장이 더욱 컸다.

수업 관찰을 통해
무엇을 연구하는가?

교사들이 함께 수업을 관찰하고 연구하는 것은 그것을 구체적인 사례로 하여 교사 누구나 마주하게 되는 문제에 대해 함께 공유하고 해결 방안을 모색하기 위함이다. 그런데 기존의 수업 공개와 연구회는 교사들이 수업에서 겪는 어려움을 함께 공유하고 함께 해결 방안을 모색하는 자리가 되지 않았다. 오히려 그런 자리를 통해 교사들이 수업 공개와 연구회를 부담스럽게 생각하게 되는 좋지 않은 기억을 남기는 경우가 많았다. 기존의 수업 공개와 연구회가 왜 그런 좋지 않은 기억으로 남았는지는

2009년 장곡중학교가 지금의 '배움의 공동체' 방식으로 바꾸기 전에 작성했던 자율장학추진계획서를 통해 살펴볼 수 있다.

장곡중학교의 2009년 자율장학추진계획은 지금도 여전히 많은 학교에서 실시하고 있는 계획서와 아주 유사하다. 그 당시 자율장학추진계획에서 자율장학의 목적을 살펴보면, '교내 자율 장학을 통하여 교직 전문성을 향상시킴으로써 학부모의 올바른 교육관 정립과 학교에 대한 신뢰 풍토를 조성한다.'라고 되어 있다. 여기에 따른 운영 방침은 '장학의 주안점은 교수-학습 방법의 개선에 중점을 둔다.'라고 되어 있다.

목적과 운영방침에서 명시한 것을 꼼꼼하게 생각해보면 결국 수업 공개와 연구회는 '교사가 학생들을 잘 가르치도록 수업 기술을 향상시켜 학부모가 학교의 수업에 대해 신뢰할 수 있도록 하자'는 것이다.

여기서는 학생들 한 명 한 명이 실제로 어떻게 교과 지식을 이해하고 배우는 과정에 참여하는지, 그 모습과 특징은 무엇인지에 대한 관심은 전혀 찾아볼 수 없다. 교사의 수업 기술 향상이 목적이기 때문에 이것은 교사 개인 능력의 평가가 될 수밖에 없다. 공개 수업을 모든 교사들이 함께 관찰하고 그렇게 교사들 각자가 관찰하고 느낀 것을 수업 연구 회의에서 함께 나누어 모든 교사들이 수업에 대해 성찰하고 발전시킬 수 있는 방법을 논의하는 것이 아니라 교사의 수업 기술, 언어, 복장, 성량 등에 관한, 교사 개인의 능력을 점수로 매기는 것이 연구 회의에서 주된 논의 내용인 것이다.

따라서 수업 공개를 준비하는 교사는 수업 공개 후에 참관한 동료 교사나 관리자들에게 평가 점수를 잘 받기 위해, 평소 수업에서는 잘 하지 않던 10여 장이나 되는 지도안 쓰기부터, 파워포인트 만들기, 동영상 찾기, 모둠 활동 만들기, 활동 자료 만들기 등의 준비 활동에 치중하게 된다. 그래서 흔히들 수업 공개라고 했을 때, 교사가 펼치는 화려한 수업, 동영상이나 파워포인트와 같은 시각 자료를 많이 보여주는 수업, 교사의 뛰어난 수업 기술과 수업 전개 형식인 '도입-전개-정리'에 학생들이 딱딱 들어 맞추는, 연출된 쇼와 같은 수업 등이 연상이 되는 것이다.

이것이 수업 공개와 연구회의 일반적인 모습이기 때문에, 수업 공개를 준비하는 교사는 점수를 잘 받기 위해 최대한 보여주기 위한 수업을 준비하고, 참관자는 점수를 주기 위해 수업을 보게 된다. 이런 실정에서 아무리 목적과 운영 방침을 그럴듯한 말, '학교 교육과정 운영과 교원의 전문성 신장을 위해 자율장학에 힘써 다음의 목적을 실현시키고자 한다.'로 표현해도 결과적으로 그런 목적을 달성하기 어렵다.

'수업관찰 체크리스트'(자료1-1)를 보면 수업을 공개하는 교사들이 어떤 기준으로 수업을 설계하는지, 참관하는 교사들은 어디에 중점을 두고 수업을 보는지 쉽게 이해할 수 있을 것이다.

수업은 모든 학생들이 배우는 장이어야 한다. 실력이 다른 학생들이 모여 서로 협력하고 주어진 과제를 해결하는 과정에서 참다운 배움이 일어나고, 그 배움은 학생을 더욱 성장하게 만든다. 또한 수업 속에서 학생과 교사가 서로 협력하고 소통하며 함께 수업을 만들어가는 경험은 학생들이 장차 미래를 살아갈 때 공동체의 일원으로 갖춰야 할 능력을 만들어준다. 이런 능력을 수업에서 키워야 한다.

그렇기 때문에 교사 한 사람이 수업을 얼마나 잘하는지, 지도안을 얼마나 잘 작성했는지, 발문을 얼마나 정확하게 했는지를 가지고 점수를 매길 것이 아니다. 학생들이 얼마나 잘 협력하고 있는지, 교사는 학생들을 어떻게 지원하고 있는지, 교실의 분위기가 부드러워서 학생들이 안심하고 수업에 참여할 수 있는지, 수업에 참여하지 못하는 학생은 있는지, 그런 학생들은 학교가 어떻게 지원해야 하는지를 관찰하는 것이 수업 공개의 목적이어야 하고, 거기에서 관찰한 결과를 가지고 논의하고, 더 나은 수업이 이루어지도록 고민하고 연구하는 장이 수업 연구회가 되어야 한다.

〈자료 1-1〉 수업관찰 체크리스트

관찰 영역	항 목	관 찰 내 용 분 석	평 점					특기 사항
			5	4	3	2	1	
학습 계획	1	교과의 특질에 맞게 지도안이 작성되었는가?		∨				
	2	단원의 목표파악이 구조적으로 잘 되었는가?	∨					
	3	교재연구가 충실하고 본시의 주안점이 뚜렷한가?		∨				
	4	본시의 학습량이 적절하게 계획되었는가?	∨					
교사 지도력	5	학습문제 제시가 학습동기를 유발할 수 있었는가?			∨			
	6	학생중심의 자율적 학습으로 유도하였는가?		∨				
	7	학생의 흥미가 배려되고 있는가?		∨				
	8	학생의 개인차가 잘 고려되고 있는가?	∨					
	9	교사의 태도, 용어, 발문이 바람직한가?	∨					
	10	학습의 집단화, 개별화를 조화있게 도모하였는가?	∨					
학생 활동	11	학습의욕과 참여도는 높았는가?	∨					
	12	활동력과 토의 및 발표력은 어떠하여 하였는가?		∨				
	13	학습장 사용이 잘 되고 있는가?			∨			
판 서	14	판서내용의 타당도는 바람직한가?		∨				
	15	판서의 양은 적절하고 구조화되어있는가?		∨				
자료 활용	16	양과 질은 적절하고 적시에 제시되었는가?	∨					
	17	학생들이 자료를 효과적으로 활용하였는가?		∨				
	18	학습환경 조성이 바람직한가?		∨				
학습 결과	19	수행평가의 내용이 본시 목표확인에 합당한가?			∨			
	20	본시 학습목표의 도달도는 어떠하였는가?		∨				
보완점	21	본시 학습목표의 도달도는 어떠하였는가?		∨				

2012년 장곡중학교의 자율장학추진계획 운영 목표를 보면, '동료애를 바탕으로 한 장학을 통해 전반적인 수업의 질을 높이고 교실이 배움이 일어나는 공동체로서 학습과 생활 지도가 동시에 이루어지는 체제를 확립한다.'라고 나온다. 목적이 다르다. 교사의 수업 기술을 향상시키기 위함이 아니라 교실에서 배움이 일어나는 공동체를 만들기 위해 학습과 생활지도가 동시에 이루어지는 체제를 확립하되 동료애를 바탕으로 수업 공개와 연구회를 하겠다고 명시되어 있다. 이런 목표를 갖고 있기에 동료의 수업을 보고 점수를 매기지 않는다.

'수업공개 참관록'(자료 1-2)은 2010년 처음 '배움의 공동체'로 수업 공개와 연구회를 진행할 때 참관 교사들이 메모를 하던 참관록이다. 이 참관록은 학생들의 배움과 협력적인 관계, 교사의 지원에 대한 관찰을 요구한다. 또한 그 결과를 점수로 매기지 않는다. 먼저 제시된 수업관찰 체크리스트와 많은 차이를 느낄 수 있을 것이다.

그러나 이 참관록도 2010년 처음 '배움의 공동체'로 수업을 공개하고 연구회를 할 때만 사용되었고, 2011년부터 장곡중학교에서는 자취를 감추었다. 그 이유는 '수업의 전문가인 교사가 동료 교사의 수업을 보면서 규격화된 참관록을 볼 필요가 있는가?', 또한 '참관록에 있는 사항만을 볼 필요가 있는가?' 문제의

〈자료 1-2〉 수업 공개 참관록

참관교사   인

( ) 학교 제 ( ) 학년 ( ) 반		수업자 성명	
수업교과	지도단원	일 시	2010. . . ( ) 교시

Ⅰ. 학습자의 배움	(1) 학습자는 어디에서 배우고 어디에서 주춤거리고 있는가?	
	(2) 교사의 지시(지도)에 학생들은 어떻게 배우고 있는가?	
	(3) 학생들은 배움의 맥락을 이해하는가?	
	(4) 학습과 관련한 의미 있는 모둠 활동이 이루어지고 있는가?	
	(5) 학습자의 점프가 있는 배움은 이루어지고 있으며, 어느 지점에서 이루어지고 있는가?	

Ⅱ. 교사의 활동	(1) 교사는 학습자 한 명 한 명에게 주목하는가?	
	(2) 학습자와 '학습자, 사물, 사건'과의 연결 및 관계는 어떻게 하고 있는가?	
	(3) 교실에서 배움과 상관없는 불필요한 언어와 행동은 없었는가?	

Ⅲ. 교실에서의 관계	(1) 교실에서 서로 들어주는 관계가 잘 청성되어 있는가?	
	(2) 협동적인 배움이 일어나고 있는가?	

느낀 점 (배운 점)	

식 때문이었다. 그 자신이 수업의 전문가이자, 다른 수업을 통해 자신의 수업을 성찰하는 교사는 참관록에 제시되지 않은 다른 많은 부분도 관찰할 수 있다. 참관록에 표시된 항목 이외에 관계, 협력, 교사의 수업 설계와 진행 등에서 무궁무진한 부분들을 관찰하고 배울 수 있기 때문이다. 오히려 참관록 없이 수업을 관찰하고 연구 회의를 진행하면서 수업에 대한 더욱 풍부한 주제를 발견하게 되었고 그것을 연구해나갈 수 있었다.

다음은 2012년 9월 19일 1학년 도덕과 '갈등과 해결 방법'을 주제로 한 김효정 선생님의 공개 수업에 대해 장곡중학교 교사들이 연구 회의를 했던 장면 일부이다.

이지은(영어) 이 수업 들어오기 전 학생과 갈등을 빚고 있었다. 그래서 교사와 학생 간의 갈등에 관해 이야기가 나올까 궁금하게 생각하며 수업을 보았다. 점프 과제인 2번 같은 경우 학생이 가진 활동지가 참관하는 교사가 가진 활동지가 달랐다. 수업 공개 직전까지 참 많은 고민을 하신 것으로 보인다. 갈등의 원인과 그 해결 방법을 찾아내는 데서 사고를 확장할 수 있도록 수업 디자인이 잘 되었다. 7모둠인 신우와 나은이는 수줍음이 많다. 그래서 그 아이들이 한마디라도 하면 재성이나 현정이가 약간이라도 동조하도록 하는 것이 좋겠다. 모둠 활동을 통해 학생들은 나의 생각과 다른 친구의 생

각을 접하고 내 생각을 수정하기도 하고 보완하기도 하면서 생각을 키워나간다. 그런 점에서 이 모둠은 답안을 작성하는 것에 집중하는 것이 아니라 친구의 이야기를 충분히 들어보는 것이 더 중요하다는 것을 알게 해야겠다.

이재은(과학) 전학을 온 은미는 처음 왔을 때와는 눈빛이 달라졌다. 학교생활에 적응을 잘하는 것 같다. 계단에서 은미와 담임교사가 나란히 앉아서 이야기를 나누는 모습을 본 적이

종종 있다. 그런 노력이 은미의 눈빛을 따뜻하게 변하도록
한 것 같다. 수업 디자인 역시 담임교사의 따뜻함이 배어나
있었다. 아이들이 모둠 활동 과정에서 몇몇 학생의 아이디어
를 가지고 받아쓰는 활동만 하다가도 담임교사인 선생님의
적절한 도움, 적절한 시점의 관여로 서로 협력하고 생각을
공유하였다. 학생과 학생과의 갈등해결 및 관계 맺기, 학생
과 교사와의 관계가 적절한 시점에서 나타나 수업 속에서 교
사의 능력으로 다시 표현되는 것 같아 보였다. 아이들이 실
생활에서 발생하는 갈등의 해결 방법을 공격, 협력, 회피 등
으로 구별하고 실제로 어떻게 할 것인지를 유용하게 적용하
는 모습을 찾아볼 수 있었던 수업이었다.

손가영(영어) '평소에 나는 엄마와의 갈등이 많이 있었다. 나
는 이 수업을 보면서 어떤 방법으로 엄마와 갈등을 해결하는
지 생각해보았다. 그러고 보니 나는 회피 방안을 늘 사용하
고 있었다. 이 수업을 통해 더욱 합리적인 방안을 알게 되었
다. 앞으로 협력 방안을 사용해야 하겠다.'는 생각을 아이들
이 활동을 통해 배우게 되었다. 수업 속에서 아이들이 개인
과 개인, 개인과 학교, 개인과 사회를 넘나들면서 자신의 사
례를 충분히 적용하고 있었다. 시험에 어떤 문제가 나올지와
같은 지식을 받아들이는 것에서 멈추는 것이 아니라 갈등의
해결 방안 및 합리적 문제해결을 위한 대처 방안을 논의하는
수업 디자인이 훌륭했다. 학생 간의 경청이 좋았고, 도덕 교

과를 넘어서 국어 시간에 읽었던 책까지 도입시켜 탐구를 하게 한 것이 협력하고 탐구하는 모습을 통해 한 시간에 오롯이 남아 있어 정말 좋았다. 4조에서 대회가 활발하지 않았지만 교과서에서 이런 내용이 있다는 것을 찾아낼 정도로 되돌리기까지 하는 모습이 정말 감동적이었다.

여기서는 기존의 수업 연구회에서는 논의될 수 없는 내용들이 다뤄지고 있는 것을 볼 수 있다. 아이들이 활동하는 모습을 섬세하게 포착하여 앞으로 어떻게 그 학생들을 지원할 것인지를 이야기하는 부분이라든가, 수업 속에서 아이들이 활동하는 모습을 통해 참관한 교사가 배우는 장면도 있다. 또한 수업의 설계나 교사와 학생의 관계가 따뜻함을 이야기하기도 한다. 또한 기존의 수업에서는 준비 소홀로 비판받을 수 있는 부분인 학생들이 가진 활동지와 참관하는 교사가 가진 활동지가 다른 것도 수업에 대한 깊이 있는 고민이라는 전혀 다른 시각에서 이야기되고 있다.

이런 논의를 거치면서 많은 교사들은 수업 속에서 한 사람 한 사람의 학생을 배움의 주체로 인식하고 그들의 배움에 주목하게 된다. 가르치는 기술을 가지고 수업을 볼 때는 수업의 주체가 교사였기에 교사의 움직임 하나하나가 관찰 대상이었지만, 학생의 배움을 중심으로 수업을 관찰하면 학생 하나하나의 배움이 관찰과 연구의 대상이다. 그렇기에 전학 온 은미의 눈빛이 달라진 것과 달라진 이유가 이야기되고, 그런 이야기는 다시 다음날 다른 교사들의 수업 설계와 진행으로 되돌려져서 은미에 대한 보살핌과 격려로 이어진다.

또한 학생과 갈등을 겪고 있었기에 이 수업에 관심을 갖고 참관했다는 교사의 발언을 통해 자신도 역시 교실 안에서 학생들과 갈등을 빚고 있는 다른 교사들도 그 말에 공감을 하면서, 수업 중에 진행된 '갈등의 합리적인 해결 방식인 협력'을 깨닫고 다음 시간부터 학생들과 협력적인 관계를 위해 더욱 노력하게 될 것이다.

또한 공개 수업 연구는 기존에 정해져 있는 교과별 수업을 사례로 교사들의 생각을 공유하고 교과별로 개선 방향을 찾는 것에 머무르지 않는다. 이것은 교과 자체의 영역에만 머무르지 않고 교과 영역을 통합한, 기존 교육과정에는 없는 새로운 수업을 만들어내는 발판이 되기도 한다.

2011년과 2012년에 3학년과 2학년을 대상으로 '흙 속에 묻힌 낯선 기억을 찾아서'라는 5개월 동안 이루어지는 교과 통합 프로젝트가 진행되었다. 이 교과 통합 프로젝트는 2011년 1월에 일본에서 배움의 공동체를 실천하는 학교를 탐방하러 간 교사가 탐방 기간 내내 호텔에서 함께 지내면서 각자의 수업에 대해 이야기를 하다가 만들어지기 시작한 것이다.

처음에는 미술 교사가 대학 때 접했던 대지 미술을 이야기하면서 가짜 유물을 만들어서 땅에 묻고, 그것을 파내는 퍼포먼스를 수업 시간에 하고 싶다고 하자, 국사 교사가 관심을 표시했다.

"국사 시간에 역사만 다루다 보니 학생들이 역사를 옛날이야기 차원으로 이해하는 것이 안타까웠다. 가짜 유물을 진짜 유물이라 상상하고 진짜 역사를 입혀보는 작업을 하면 미술도 하고 역사 수업도 체험할 수 있겠다."라고 미술 수업과 국사 수업을 함께할 것을 제안하였다. 일본 연수 4일 내내 두 교사는 그 수업을 정교화하기 위해 통합 프로젝트를 만들었는데 그 과정을 들었던 국어 교사가 "국어 시간에 설화와 전설을 공부하는데 유물이 만들어지기까지 설화를 창작하면 좋겠다."라면서 합류 의사를 밝혔다. 그래서 탄생한 수업이 2011년 '흙 속에 묻힌 낯선 기억을 찾아서'였다.

대지 미술 퍼포먼스였던 수업에 역사 교사가 참여하면서 구체적인 역사성이 입혀지고, 거기에 국어 교사들이 참여하면서 '구체적인 장소와 시대를 배경으로 한 가공의 설화'가 만들어졌다. 수업은 그 설화의 증거물인 유물을 미술 시간에 제작하고, 유물이 묻힌 옛날의 지역 모습을 상상해서 고지도(古地圖)를 제작하는 형태로 만들어졌다.

학생들이 찰흙으로 유물을 만들고, 고지도 제작을 위해 학교 연못 근처에서 천연 염색을 하고, 유물을 땅에 묻고, 몇 달 후에 다시 파서 학교 축제 때 전시를 하는 과정을 지켜보았던 교사들이 결국에는 미술 교사에게 수업 공개를 요청하였다. 이 수업의 공개와 연구회에서 많은 교사들이 상당히 관심 가는 수업 형태이므로 2012년에 한다면 함께 공유하고 수업에 자신도 참여할 수 있는 부분이면 참여하겠다고 하여 이 프로젝트를 더 체계화시키는 방법도 논의되었다.

과학 교사는 "내년에는 이 프로젝트에 참여해서 유물의 시대 추정을 과학 수업에서 하고 싶다. 방사성동위원소의 반감기를 이용하여 유물의 절대 연령을 구하는 것은 과학 수업하고 정말 잘 맞다."하고 하였고, 한문 교사는 "한문도 참여하고 싶다. 설화의 주제를 한문 문장으로 만들고, 만들어진 문장을 유물에 새겨 넣으면 의미가 더 있을 것 같다."라고 하였다.

그리하여 다음 해 프로젝트는 더욱 많은 과목의 교사들이 참여하게 되어 더욱 정교화되었다. 그해 연구회에서 사회 교사는 "사회 교과에서 약한 표현 부분이 잘 살려진 것 같아서 좋았다. 다음에는 모의 발굴 현장을 가짜로 만들 것 없이 올해 묻은 것을 파지 말고 두었다가 다음 해 후배들에게 선배들이 만든 고

지도를 주고 발굴하도록 한다면 이 수업의 의미를 더욱 살릴 수 있을 것이다. 혹은 이 프로젝트를 발굴에서 끝내지 않고 발굴 다음에 스토리를 만들게 하여 2년 동안 연속된 교과 통합 프로젝트로도 만들어보고 싶다."라는 의견을 내놓았다. 그리고 국어 교사는 이 수업을 보고 난 후, "내년에는 교과 통합 프로젝트 첫 시작으로 2학년 체험학습을 위해 전곡리에 있는 선사시대 유적지를 가는 것도 좋겠다. 교육과정 속에서 체험학습을 통합시킬 수 있을 것 같다는 생각이 들었다."는 의견을 내놓았는데, 이것을 통해 체험학습까지 연결된 교과 통합 프로젝트에 대한 논의까지 진행되었다.

원래 교과라는 것이 그 영역이 다른 교과와 각각 따로 존재하는 것이 아니다. 학문의 끝자락은 언제나 다른 영역의 끝자락과 연결되어 있기에 교과를 깊이 있게 연구하려면 다른 교과와 연계하면 더욱더 깊이 있는 공부를 할 수 있는 것이다. 수업도 그렇다. 각각의 교과목에는 두부 모 잘리듯 구분이 명확하지 않은 부분이 있어서 어떤 교과목의 경우에는 서로가 서로에게 도움을 줄 수 있는 부분이 있다. 교사들은 이러한 도움을 통해 서로의 수업에서 학생들의 배움의 수준과 질을 한층 높여줄 수 있다는 것을 이 사례를 통해 알게 되었다. 수업 연구를 바탕으로 장곡중학교에서는 기존 개별 교과의 교육과정을 재구성하였고, 개별 교과의 교육과정으로부터 추출하여 통합된 새로운 교육과정을 만들어낸 것이다.

이처럼 배움의 공동체에서 수업 공개와 연구는 교사 개인 능력을 평가하는 것이 아니라 학생들이 실제로 어떻게 배우는 과정에 참여하는가를 관찰하고 연구하는 것이기 때문에 교사들의 성찰과 반성, 그리고 그것을 통한 성장이 이루어진다.

2장

혁신의 전제
'우리'라는 공동체

오랫동안 대한민국에서 학교 수업은 정부가 정한 국가교육과정을 학생들에게 전달하기 위해 교육행정을 통해 교사에게 맡겨진 일로 이해되어왔다. 이러한 구조 안에서 교사는 지역사회의 시민들, 학교 학생들, 심지어는 같은 학교에서 같은 학생들을 가르치고 있는 다른 교사와도 협력할 필요가 없었다.

그러나 수업을 학생들의 실제 배움을 위해 바꾸고자 한다면, 즉 학생들이 교과 지식을 어휘로 암기하고 있는 것이 아니라 그것을 개념적으로 이해하여 스스로 그것을 통해 자신의 생각을 발전시키는 능력을 갖추어나가는 것을 학생들의 실제 배움이라고 생각한다면, 이제 대화와 관계로 구성되는 활동적인 수업을 위해서는 수업이 국가가 교사에게 맡긴 교사 개인의 책임이라는 틀에서 벗어나야 한다. 수업이 교사 개인의 일이 아니라는 점에서 수업 혁신을 위해서는 학교를 이루는 모든 구성원들이 함께 노력하지 않으면 안 된다.

그런데, 이것은 너무나 당연한 전제 조건임에도 불구하고 대한민국 교육에서 교사, 학생, 학부모 누구도 그렇게 생각했던 적이 없었다. 오히려 모든 구성원들이 경쟁과 무관심 속에서 서로를 의심해왔다. 이것은 뿌리가 매우 깊다. 말로는 학교를 위해, 교육을 위해, 아이들을 위해 서로 협력해야 한다고 되풀이하지만, 실제로는 그렇게 생각하지 않았기 때문에 방법을 모른다.

그래서 배움의 공동체로 학교를 바꾸고자 또는 수업을 바꾸고자 여러 가지 방안을 도입하지만 협력은 잘 이루어지지 않는다. 오히려 서로 말이 통하지 않아서 힘들어하다가 조금이라도 서로 솔직한 이야기를 나누면, 서로에 대한 깊은 불신을 먼저 확인하는 경우가 많다. 교사는 교사대로 학부모는 학부모대로 '내 사정은 잘 모르면서 자기들 사정만 이야기한다.'고 생각하는 경우가 많다.

학교 구성원들의 협력을 만들어가는 과정에서 자주 어려움을 겪을 것이기 때문에 그러한 어려움에 의해 수업 혁신을 위한 노력이 좌초되지 않도록 하기 위해서는 교사, 학생, 학부모, 지역사회 구성원들 모두 '우리'라는 공동체를 이루면서 자신이 살아가고 있다는 생각을 강조할 필요가 있다. 교사와 학부모, 학생, 그리고 지역사회를 포함해서 이들이 모두 정말로 '우리'라는 공동체를 이루고 있다면, 어떤 한 사람의 어려움은 모두의 어려움이므로 그 사람을 도와야 하며, 그런 공동체의 문화를 통해서만 '내'가 살아갈 수 있으므로 그것을 지켜야 한다는 생각이 모든 사람들에게 자연스럽게 느껴지도록 실제로 그런 경험들을 만들어가야 한다.

구성원들의
신뢰와 공감대

학교는 배우는 곳이어야 한다. 그리고 그 배움은 사회생활을 해나가는데 교양이 되고, 기본이 되며, 행동 방식을 결정짓는 바탕이 되기도 한다. 그래서 어떤 사람들은 학교를 한 사회의 문화가 전수되고 학교에서 배운 사람들이 새로운 문화를 생산하는 능력을 쌓는 곳으로 정의하기도 한다.

이런 역할을 하는 학교가 배움의 기능을 상실할 때 학교의 존재에 대한 회의가 일어나게 된다. 존재의 가치에 회의를 주는 학교를 학생들이 좋아하고 애착을 가질 수는 없다. 아무리 애

교심을 강조해도 존재 가치를 느끼지 못하는 상황에서 학교를 사랑하는 마음이 생겨날 수 없는 것이다.

특히 수업에서 학생들이 배우고 있지 않으면 그 수업은 지탱하기가 어려워진다. 학생들은 배움이 없기에 수업을 빠져나가려고 한다. 수업을 빠져나가는 학생들과 그런 학생들을 붙잡아 두려는 교사들은 수업에서 갈등을 벌이게 된다. 이 과정에서 학생들을 수업에 붙잡아 둘 수 없다는 것을 깨달은 교사들은 수업에 대해 회의하게 되고, 수업에서 배울 것이 없다고 생각하는 학생들은 점점 학교가 지겨워진다. 또 학생들이 수업에서 빠져나가 문제 행동을 일으키기도 한다.

혁신학교 관련 활동들을 하면서 깨달은 분명한 사실 하나는 학생들이 수업을 즐거워하고 수업 속에서 잘 배우고 있으면 학교에서 문제되는 행동이 줄어든다는 것이다. 이것에 대해 내가 몸담고 있는 장곡중학교 사례를 말하고 싶다.

올해(2012년) 9월 1일 자로 교감 선생님이 새로 발령을 받으셨다. 그 분이 오셔서 하신 말씀이 있다.

"제가 지금까지 2주 밖에 있지 않았지만, 장곡중학교는 정말 믿기 어려운 학교예요."라고 말씀하셨다. 왜 그렇게 생각하시냐고 여쭈었더니 "2주 동안 지냈는데 참 이상한 점이 많아요. 저는 담배 연기에 알레르기가 있거든요. 아주 민감해요. 그런데 여기에 와서 단 한 번도 담배 연기에 의한 알레르기 반응이 안 나왔어요. 학교 안에서 아무도 담배를 피우지 않는다는 건데, 물론 이것이 정상적인 것이겠지만 다른 학교는 안 그렇잖아요. 참 신기해요. 그리고 수업 중에 교사들의 큰 소리가 나지 않는 것도 이상하고, 야단맞는 아이들도 지금까지 보지 못했어요. 이런 말을 다른 학교 교감 선생님들을 만나서 이야기하면 아무도 믿지 않아요.”

그 말씀을 들으면서 장곡중학교 안에 있는 구성원들이 느끼지 못하는 사이에 지난 2년 반 동안 혁신학교로서 조금씩 변해온 것들이 있었고 그것이 다른 학교와는 차원이 다른 어떤 문화를 형성했다는 사실을 새삼 깨닫게 되었다.

2009년을 생각해보니 그때의 장곡중학교는 정말 그렇고 그런 일반 학교였다. 쉬는 시간이 끝나고 수업을 하러 나가다 보면 교무실이 있는 2층 화장실을 제외하고는 3, 4, 5층 화장실은 어김없이 담배 연기가 피어났다. 특히 3학년이 있는 4층과 5층은 너구리굴 같았다. 심지어 여교사 화장실에까지 가서 학생들은 담배를 피웠고, 교실에서 담배를 피우다 걸려서 교무실로 끌려오는 학생들도 있었다. 학교에는 사건과 사고의 불협화음이 넘쳐났다.

지금은 학생자치부가 그 이름에 걸맞게 학생들의 자치활동을 지도하고 지원하는 부서로 자리를 잡고 있지만, 혁신학교가 되기 전 장곡중학교의 학생부는 그야말로 학생지도부였다. 늘 10여 명이 넘는 아이들이 학생부에서 사실 확인서를 쓰거나 벽을 보고 고개 숙이고 서 있었다. 아이들의 표정은 어두웠고, 교사들도 지치고 힘든 표정이었다. 그렇다고 해서 아이들이 학생부에서 지도 받으면서 크게 반성하거나 생활 태도가 변하지도 않았다. 학생부는 늘 사고를 친 학생들로 가득 찼다. 심지어 그런 학생들이 너무 많아 학생부의 공간은 포화 상태에 이르렀다. 그래서 복도에 책상을 가져다 학생들을 앉혀 놓기도 했다. 한 학급에서 10명이 넘는 남학생들이 전교의 빈 교실을 한 학기가 넘도록 털었다는 것이 밝혀진 적도 있었다. 그 학급은 남학생과 여학생 간의 갈등이 유독 심했기 때문에 그 갈등을 해결하려고 담임교사가 다른 교사와는 비교도 안 될 정도로 학급에 정성을 쏟아왔던 반이었다. 그런데도 그런 일이 생겨버려서 아이들에 대한 실망감에 괴로워하는 담임교사의 모습은 옆에서 보기가 안쓰러울 정도였다. 교사가 가볍게 보이면 아이들은 대놓고 이죽거리고 교사를 따돌렸다. 마음이 여린 여교사가 있으면, 중학교 1학년 여학생들조차 무리지어 학생들 앞에서 선생님을 무시하고 조롱하였다. 그 반에 마음 약하고 착한 아이들이 있어 담임교사에게 약간의 동정이나 동조의 태도를 보이면 바로 그 순간부터 그 아이를 괴롭히면서 좋게 보지 않는 것이었다.

매일매일 급식을 정리하고 도와주는 학생들은 봉사 점수가 있기에 지원자들로 구성되는데, 지원하는 학생들은 아무래도 담임교사와 소통이 원활한 학생들인 경우가 많다. 이런 학생들을 알게 모르게 괴롭히기 위해 어떤 학생들은 점심을 40분이 넘도록 먹었다. 밥을 빨리 먹으라고 말하고 싶지만 그랬다가 눈을 희번덕거리면서 "왜 선생님은 밥을 빨리 먹으라고 하세요? 우리 엄만 천천히 먹으라고 하는데. 그러다 체하면 책임지실 거예요?"란 반항 섞인 반응이 돌아올 게 빤하기에 마음 여린 교사는 배식하는 급식 봉사 지원 학생들이 그런 아이들의 점심 식사가 끝나기를 기다리며 점심시간 내내 교실에서 맴도는 걸 마음 아파하면서 지켜봐야만 했다. 교사라면 학생들에게 점심시간이 얼마나 중요한지는 잘 알 것이다.

당시는 이러는 아이들이 이상하고 못됐다고 생각했다. 수업을 수업으로 받아들이지 않고 수업과 교사의 권위를 떨어뜨리다 못해 비아냥대는 아이들이 마치 정신이 나간 것처럼 느껴지고 인간으로서 미운 마음마저 들었다.

그런데 지금은 그렇게 생각하지 않는다. 우리가 수업을 바꾸면서 변화하는 아이들을 지켜보니 아이들이 수업의 권위를 떨어뜨리고 교사를 비아냥거리는 것은 수업에서 교사와 학생이 충분히 대화하지 못하기 때문이라는 것을 알게 되었다. 이것은 우리 학교 대부분의 교사들이 함께 깨달은 것이기도 하다. 그렇기 때문에 우리가 가장 중요하게 생각하는 것은 대화이다. 대화는 교사와 학생의 대화를 의미하기도 하지만, 학생과 학생들의 대화도 의미한다. 어쩌면 학생과 학생들의 대화를 더 중요하게 생각할지도 모른다. 수업 속에서 학생들과 소통이 이루어지면 학생들은 결코 수업을 우롱하거나 교사를 놀리지 않았다. 오히려 교사와 협력적인 관계가 되어 수업을 만들어갔다.

얼마 전의 일이다.

1학년 때부터 산만한 행동으로 수업 시간마다 여러 교사들의 지적을 받고, 수업을 방해하는 아이가 있었다. 교사들의 지속적인 지도로 많이 나아졌지만, 그 아이가 2학년이 된 지금도 산만한 행동이 완전히 고쳐진 것은 아니었다. 그래서 수업 중에 어떤 틈만 나면 자리에서 일어나 다른 자리로 가기도 하고, 수업과는 무관한 이야기를 하기도 하며, 뒤를 돌아보고 공부하는 친구에게 수업과는 무관한 이야기를 걸기도 한다.

논술문 수업을 하는 도중에 꽤 중요한 부분이라 모둠 활동을 멈추고 다 함께 공유하고 있었는데 뒤돌아서 친구에게 이야기를 건네고 있었다. 아이에게 바로 앉아 함께 공유할 것을 권하자, 그 아이는 "왜 나한테만 그러냐?"고 화를 냈다. 평소 같으면 나는 '너한테만 그러는 것은 아니라 너만 그래서 너를 지적할 수밖에 없었다.'고 말했을 것이었다. 그런데 그 아이가 나에게 그렇게 따지자 교실 안에 있던 많은 친구들이 그 아이에게 "너만 뒤돌아보면서 다른 이야기를 하고 있었다."라고 지적을 했다. 그리고 "이 문제는 중요한 문제이기에 다 함께 공유해야 하잖아."라고 말을 했다. 그러자 그 아이는 교사가 지적했을 때와는 아주 다른 반응을 보였다. 얼굴이 빨개지고 미안해하면서 바로 수업으로 들어오는 모습을 보였다.

수업을 바꾸기 전, 교사 혼자 아는 것을 일방적으로 쏟아 부으면서 학생들에게 교사의 가르침에만 따라오라고 요구했을 때도 이런 상황은 벌어졌었다. 그때 학생들은 따지는 학생의 편이었거나 입을 다물거나 했다. 아니 오히려 입을 다물고 있으면 고마운 것이었다. 그 학생과 교사가 실랑이를 벌이는 동안 다른 학생들은 기회라도 얻은 것처럼 떠들었다. 이런 상황이 펼쳐지면 교사는 따지는 학생과 싸움을 벌이는 형국이 되면서 동시에 떠들고 있는 다른 아이들에게 동시에 화를 내게 된다. 결국 교실 전체 학생들과 갈등을 빚게 되고 아이들과의 관계는 더욱 나빠지게 된다.

교사는 수업이 학생들과 협력 속에서 이루어지는 것임을 안

다. 따라서 그 협력을 만들기 위해 많은 노력을 기울인다. 교사 혼자 일방적으로 설명하지 않고 수업 중간에 계속 학생들에게 발문을 하면서 수업을 진행하지만 학생들은 응답을 하지 않는다. 몇몇의 학생들만 응답을 하거나 지적을 받은 학생들만 대답을 하는 경우가 많다. 지적을 받은 학생이 그래도 대답을 해 주면 그나마 다행이나 "몰라요."라는 대답과 함께 입을 다물어 버리면 교사의 입장에서는 참 난감하다. 왜냐하면 그 "몰라요."는 질문에 대한 고민에서 나온 '몰라요'가 아니라 그 질문에 대해서 생각하기도 싫다는 의미이며, 수업은 교사와 학생이 함께 만들어가야 한다는 교사의 생각에 공감하지 않는, 당장 이 순간을 모면하기 위한 "몰라요."일 뿐이기 때문이다.

수업 속에서 교사와 학생의 협력은 그 주인공이 교사일 때는 만들어지지 않는다. 학생들이 필요한 지식이 '교사'에게서만 나올 경우라면 학생들은 당연히 '협력'한다. 그러나 지식이 교사 뿐 아니라 인터넷, 자습서, 학원, 학습지 등 여기저기서 나오는 시대에 수업에서 교사가 주인공이 되고 학생들이 구경꾼으로 머물러 있다면 아이들은 참여하려 들지 않는다. 그렇기 때문에 수업은 언제나 학생들이 주인공이 되어야 한다.

또한 학생과의 좋은 관계와 소통은 학부모와도 좋은 관계와 소통을 만들어내서 불필요한 오해를 줄여준다.

새로 오신 교감 선생님이 하신 말씀 중에 이런 것도 있었다.

"다른 학교 교감 선생님들과 대화를 하다 보니, 다른 학교에서 학부모들이 학교에 와서 학교를 뒤집어 놓는 경우도 심심찮게 생긴다고 하던데, 아직 제가 이 학교에 발령받아 온 지 얼마 되지 않아서 그런지 여기 학부모님들은 학교에 와서 거칠게 항의하는 모습을 못 봤습니다. 이것도 참 신기합니다."

그 말씀을 듣고 보니 이것도 학교가 서서히 변해서 우리가 변화를 감지하지 못했던 부분이었다. 수업을 바꾸기 전, 우리 학교도 수많은 학부모님들과 갈등을 벌였고, 그 결과가 고소·고발로 이어지기까지 한 적도 있었다.

교사가 학생의 문제 행동에 대해 부모님에게 전화를 하는 경우가 있다. 교사가 전화를 할 때는 학부모와 함께 협력해서 학생들의 문제 행동을 고쳐보자는 의도에서 한다. 그런데 학부모는 협조적이지 않는 경우가 허다했다. 심지어 학생의 문제 행동을 교사의 탓으로 전가하기도 했다. 교사가 전화를 하면 어떤 학부모는 그 교사에게 "집에서는 그렇지 않다. 왜 학교에서 그런지 모르겠다. 선생님이 그 아이를 색안경을 끼고 보니까 그렇지 않느냐? 아이를 사랑으로 대해줬으면 좋겠다."라고 하기도 했다.

이렇게 학부모의 신뢰를 잃은 학교는 아이들끼리 있었던 일이 부모들의 고소·고발 건으로 이어져 상당한 기간에 교사와 학부모와 학생 모두가 고통받기도 했다. 담임교사가 보기엔 서로 친하게 지내는 아이들이었는데 어느 날 부모님이 찾아와 "내 아이가 정신질환에 시달린다. 학급 학생이 지속적으로 괴롭혀서 그렇다."면서 그 학생들을 처벌해 달라고 했다. 놀란 담임이 사실을 파악해 보니 도무지 갈피를 잡을 수 없는, 이해할 수 없는 관계로 아이들이 지내고 있었다. 두 아이는 서로 어울려 잘 노는데 A가 B에게 조금 심하게 장난을 치고, B는 A의 심한 장난을 잘 받아 주면서도 스트레스를 받는 것이다. 그런데 B는 A가 아니면 반 학생들 중에 어울리는 친구가 없다. 관계로만 본다면 A는 고맙기까지 한 존재다. 그런데 B에게 A가 정신질환을 앓게 할 정도로 괴로운 존재였다니!

결국 이런 일들에선 피해자의 부모가 가해자 학생을 강제전학이나 퇴학시킬 것을 원하지만 당시 법령으론 불가능한 일이었기에 해결점을 찾지 못하고 학교와 담임교사는 몇 달 동안 학교를 방문하는 학부모들에게 원망과 닦두리, 심지어는 욕설을 들으면서 속이 썩었었다. 그래서 이런 종류의 일이 발생하면 학교 분위기는 이상해지고, 교사는 수업에 전념할 수 없는 상황이 몇 달씩이나 지속된다. 학교가 이렇게 되면 수업의 질은 떨어질 수밖에 없다. 질이 떨어지는 수업은 결과적으로 학

● 장곡중학교 '친구 사랑의 날'
학교 구성원들의 신뢰와 공감대는 수업 혁신의 가장 중요한 조건이다.

생들을 빠져나가게 하고, 수업에서 빠져나간 학생들은 문제 행동을 일으킨다. 결국 교사, 학생, 학부모들이 서로 신뢰하지 못하는 이런 상황을 변화시키지 않으면 안 된다.

많은 교사들이 수업을 바꾸려고 수많은 연수를 다닌다. 그런데 그렇게 받은 연수는 돌아와서 일주일을 버티지 못하고 다시 기존의 수업으로 돌아가는 경우가 비일비재했다. 그 이유가 무엇일까? 많은 이유가 있겠지만 일차적으로 모든 교사들이 함께하지 않는다는 것이다. 그 다음으로는 수업이 교사와 학생의 협력으로 이루어지는 것임을 알면서 연수를 교사만 받는다는 것에 있다. 수업에 대한 연수를 교사도 해야 하지만 학생들도 해야 수업이 더욱 자연스럽게 바꾸어진다.

교사가 어떤 연수를 받고 왔다면 학생들에게도 그 수업에 참여하는 방법을 상세하게 일러주고 함께 수업을 만들어 가야 한다. 그런데 지금까지 학생들에게 수업에 참여하는 방법에 대해 연수를 진행하는 학교가 없었다. 우리가 수업을 혁신하는 과정에 참여하면서 그동안 많은 학교들이 학생들에게 수업에 참여하는 법을 단 한 번도 가르쳐준 적이 없다는 사실을 깨닫고는 몹시 놀랐다.

그래서 우리 장곡중학교에서는 '배움의 공동체' 수업을 하면서 교사 대상 연수와 함께 학생들에게도 학생 '배움의 공동체' 연수를 실시했다.

첫 해에는 우리 학교의 컨설턴트인 손우정 교수님이 하셨다. 2010년 3월 2일 다목적실에서 했는데 2교시에는 3학년 전체, 3교시에는 2학년 전체, 4교시에는 1학년 전체를 모아놓고 했다. 당시에는 수업 혁신이 다급했기에 전체를 모아놓고 하는 연수가 별로 효과가 없는 것일 줄 알면서도 어쩔 수 없는 선택이었다. 학생 연수에 대한 경험이 전혀 없었기에 손우정 교수님에게만 의존할 수밖에 없었고, 그렇기에 학년 전체를 모아 놓고 하는 연수 방법을 택했다. 손우정 교수님은 혁신학교란 무엇인가와 혁신학교에서 수업은 일반 학교와 다르다는 것을 학생들에게 전달하려고 애썼다. 배움의 공동체에 대한 설명도 했고, 배움이 무엇인지, 경청과 배움이 어떤 관계에 있는지에 대해서도 설명을 했다.

그러나 다목적실에 한 학년을 모아놓고 하는 연수는 짐작이 되듯이 학생들의 시끄러운 소음으로 넘쳐났다. 나눠준 안내문을 갈가리 찢어 뿌리는 학생, 장난하는 학생, 바닥에 깐 비닐을 손으로 떼어내는 학생들을 교사들은 조용히 시키려고 애를 썼지만 300명을 모아 놓고 연수를 하는 것 자체에서 그 누구도 그 효과를 크게 기대하지 않았다고 해도 과언이 아니었다. 그랬지만 그 당시에는 이 방식의 연수도 절실했다. 이렇게라도 학생 연수를 하지 않으면 당장 학생들에게 달라진 수업 방식을 적용할 수 없을 것만 같았다.

그렇게 연수를 하고 난 다음 날, 교사들은 학생들이 연수의 내용을 기억하지 못할 것이라 생각했는데 그것이 아니었다. 떠드는 학생들에게 "어제 교수님께서 뭐라고 하셨어요?"라고 전체를 향해 말을 하면, 학생들은 입을 모아 "경청이요." 하고 대답했다. 그러면서 자기들끼리 "야, 야 조용히 해. 경청하란 말이야." 하면서 본인도 떠들어 놓고는 여기저기에서 떠드는 아이들에게 경청을 주문했다.

이런 학생들을 보며 교사들은 웃을 수밖에 없었다. 분명 연수를 할 땐 떠들고 장난치고 했던 아이들이 연수의 내용을 기억하고, 물어보면 대답까지 하는 것을 보면서 연수의 효과가 아예 없는 것은 아니라고 생각했고, 교사의 기대가 현실적으로 너무 컸다는 것도 깨닫게 되었다. 아이들은 딱 아이들만큼 행동하고 성장하는데 늘 어른들이 그 이상을 요구한다는 것도, 그것이 아이들의 성장을 방해하는 것이라는 것도 시간이 지나면서 깨닫게 되었다.

지금은 학생 연수를 3년째 하고 있는데 해마다 연수의 방법이 조금씩 달라졌다. 전 해에 했던 연수에 대한 효과를 검증하는 과정에서 부족한 부분을 보완하다 보니 해마다 학생 연수가 다르게 진행되었다.

예를 들면, 2011년에는 혁신 부장이었던 내가 손우정 교수님을 대신해서 학생 연수를 했다. 전년도에 전체 학생을 대상으로 했기 때문에 2, 3학년은 빼고 신입생 대상으로만 실시했다. 신입생 오리엔테이션 프로그램에 배움의 공동체 수업 연수를 한 꼭지 넣고 파워포인트를 가지고 진행했다. 신입생들은 장곡중학교의 수업이 다른 학교의 수업과 다르다는 것을 이미 알고 있는 학생들이었기에 연수를 잘 들었다.

장곡중학교에 새로 온 교사는 배움의 공동체 수업 방식에 대한 이해가 경험에 의해 뒷받침되지 않았기 때문에 연수에서 교사와 학생들 사이에 대화와 소통이 잘 이루어지 않았다. 그래서 내가 각 반을 돌아다니며 연수를 진행했다. 이런 여러 과정을 통해 수업에서 교사와 학생들이 서로 협력해야 한다는 생각을 되풀이해서 공유했다. 그리고 학생들은 수업에서 적극적인 태도를 보이면서 교사와 협력을 추구했다.

수업을 바꾸는 것이 이렇게 교사와 학생들만 맞추면 되는 것으로 생각하기 쉽지만 의외로 많은 혁신학교들이 수업을 바꾸면서 학부모에게 항의를 받았다는 이야기를 들었다. 우리는 이 부분도 상당히 신경을 썼다. 학생 연수를 마치고 2010년 첫해 학부모를 대상으로 수업 혁신에 대한, 특히 '배움의 공동체'에 대한 연수를 세 번이나 진행했다. 지금 생각해 보면 학부모 대상의 연수나 학생 대상의 연수는 참 현명한 접근이었다. 수업을 바꾸면서 교사만 잘 알면 되지 하는 발상이 얼마나 위험한 발상인지, 얼마나 교사 중심의 발상인지 시간이 지날수록 새록새록 느끼고 있다. 그런 점에서 우리 학교는 부족하지만 교사 중심적이지 않았다는 것, 학부모나 학생들의 입장을 생각해 보고 그 사람들을 설득하려고 했다는 것은 정말 잘했다 싶다.

교사들이 수업을 바꾸겠다고 했을 때 입시를 걱정하는 학부모들이 반발할까 걱정이 되어 그 분야의 전문가인 손우정 교수님을 직접 모셔 와서 학부모에게 '배움의 공동체'를 설명했다. 그리고 그 해 4월과 5월에도 각각 학부모 설명회를 더 가졌다. 이때는 혁신부장이었던 내가 연수를 진행했다. 그렇게 세 차례의 연수를 했지만 학업 성적이 뛰어난 학생의 학부모는 늘 부정적이었다.

"우리 아이는 수업 중에 다른 학생들을 가르쳐서 그 아이는 늘 손해보고 있어요."

"왜 교사들이 가르치지 않아요? 그러면서 월급을 타가면 세금을 낭비하는 것 아닌가요?"

그러나 학생들이 이런 걱정과 불만을 진정시켰다.

그렇게 이야기하는 부모님에게

"엄마, 그런 말 하면 나 너무 창피해. 내가 우리 모둠 아이들 다 가르쳐준다고 생각해? 아니야. 나도 많이 배워. 그리고 수학 같은 것은 가르쳐주다 보면 오히려 내가 더 많이 배울 때가 많아. 그런 말 하지 마." 이렇게 이야기를 했다고 한다.

자신의 아이에게 이런 말을 들으며 학부모들은 학교 교육을 신뢰하기 시작했다. 실제로 특수목적고를 염두에 두고 공부하

던 학생이 어머니에게

"이렇게 학교에서 공부하면 학원 다닐 필요가 없어. 그래서 오늘부터 학원에 안 다닐래."

라고 이야기를 했고, 부모님은 그 아이의 생각대로 했다고 한다. 그 학생은 자신이 가고 싶어 하던 특수목적고로 진학을 해서 지금 잘 다니고 있다. 그 학생의 어머니는 이런 이야기도 했다.

"왜 일찍 혁신학교가 되지 않았는지 모르겠다. 이 아이 오빠가 다닐 때도 혁신학교였다면 고등학교에 가서 잘 적응을 할 텐데 안타깝다. 아이 오빠는 과외로 고등학교를 보냈는데 지금 고등학교에 잘 적응하지 못하고 있다. 이 아이를 보면서 장곡중학교의 수업 방식이 아이가 혼자 공부할 수 있도록 해 주는 것이라는 것을 알게 되었다."

혁신학교로 2010년 3월에 처음 지정이 되었을 때, 학교 운영위원회에서 발언을 했던 학부모 위원의 말이 생각난다.

"혁신학교가 무서운 전염병처럼 아이들에게 퍼져 나간다. 아이들이 마음대로 행동하고 머리도 자기 멋대로 기르고, 장곡중학교 아이들이 점점 나빠지고 있어서 큰일이다. 혁신학교의 전염병이 더 퍼지면 안 된다."

이렇게 말했던 학부모 위원들이 자녀들의 말을 듣고, 또 5월의 공개 수업을 보고, 학교가 변해가는 것을 보면서 조금씩 바

뀌어 갔다. 지금은 이분들이 교사들과 마음을 합쳐 더 적극적
으로 혁신학교에 대해 마음과 시간을 투자하고 있고, 이분들이
없으면 안 될 일이 생겨날 정도로 이제는 장곡중학교와 함께하
는 동반자가 되었다.

교사들의 동료성

대한민국 학교에서는 교사들이 승진 점수 때문에 교장이나 교 감과 갈등을 빚는 경우가 종종 일어난다. 이것은 경기도에 있 는 어떤 중학교 사례이다. 이 학교에서는 업무가 많지 않고 중 요한 직책을 맡지 않아서 1등 수를 줄 수 없다는 교장과 처음에 학교를 옮길 때 약속한 것과 다르지 않느냐고 맞서는 모 교사 의 갈등이 매일매일 벌어졌다. 두 사람이 어떤 약속을 했는지 는 당사자 아니면 아무도 모른다. 그런데 약속을 했다는 교사 와 어떠한 약속도 한 적이 없고 무슨 약속을 했다고 그러느냐는 교장의 갈등은 날이 갈수록 깊어갔다.

두 사람이 교장실에서 싸우면 교감 선생님은 교장실의 인터폰을 받고 내려가 모 교사를 데리고 나오고, 어르고 달래고, 그러다가 다시 큰 소리가 나고. 그 분위기에서 어떻게 교재 연구가 되고, 앉아 있는 자리가 편할 수 있었겠는가? 교감 선생님을 비롯하여 많은 사람들이 둘 중 누군가가 어디론가 가 버렸으면 했다. 어떻게든 끝이 나서 좀 마음 편히 학교 생활을 하고 싶어 했다. 그러나 많은 교사들의 바람과는 달리 그들의 갈등은 극단으로 치달았고 서로를 고소하고 고발하는 사태까지 이르렀다. 게다가 갈등이 장기화되고 극단으로 치달으면서 학교운영위원회의 학부모위원까지 그 고소 · 고발 건에 개입하였다. 학교의 안정이 자녀들의 교육에 도움이 된다고 믿었기에 그 당시 학교운영위원회 학부모위원들은 열심히 경찰서와 교육청을 다니면서 교장의 억울함을 호소하는 진정서를 냈을 것이다. 교장실이 싸움판 아니면 학부모들이 모여서 고소 · 고발 건에 대한 대책을 논의하는 장소로 변하는 것을 보는 교사들의 심정은 가히 말을 하지 않아도 알 수 있을 것이다.

이런 식이니 교사들이 교장의 학교 운영에 대해 왈가왈부하는 것은 거의 일어나지 않는 일이라고 해도 과언이 아니다. 그냥 조용히 4년 정도를 지내다가 다른 학교로 옮기면 그만이지

하는 생각들이 많은 교사들에게 지배적으로 깔려있다. 교사들의 이런 뿌리 깊은 무관심은 교장의 권력을 더욱 공고히 하고 학교의 민주적 운영을 방해하지만 그런 것들이 아무렇지도 않게 통하는 것은 교사가 하는 일이 지극히 개인적이라면 개인적일 수 있기 때문이며, 그렇게 생각하는 사람들이 많기 때문이다.

'나 혼자 수업 잘하고, 나 혼자 학급 운영 잘하고, 나 혼자 아이들 사랑하며, 나 혼자 잘하면 되지.'

'다른 것들 신경 쓸 시간이면 교재 연구나 더 하고, 애들한테 관심을 더 기울이는 게 나아.'

이런 생각들이 아주 자연스럽게 통용된다. 열심히 하는 교사일수록 혼자 열정을 불태우며 아이들에게 온갖 정성을 기울이고, 그 정성에 반응하는 아이들에게 만족과 행복함을 느끼는 훌륭한 교사들도 참 많다. 그렇기에 학교의 문제에 대해 시정을 요구하고, 건의하고, 말하는 교사들이 '시끄러운 교사, 평화로운 곳에 평지풍파를 일으키는 교사, 문제 교사'로 종종 낙인찍히는 경우도 있다.

혁신학교를 시작하며 수업부터 바꾸자고 했던 우리는 바로 여기에서 좌절했다. 배움에서 멀어진 아이들을 수업으로 끌어오는 것도 어려운 문제였지만 지금껏 해오던 수업 방식을 바꾸

● 장은미 선생님이 진행한 영어 공개 수업.
수업은 교사들이 동료로서 만나는 첫 번째 주제이다.

는 것은 더 어렵고 두려운 문제였다. 수업을 바꾸기 위해서는 먼저 교사들이 자신의 수업 문제를 혼자 개인의 힘으로 해결해야 한다는 생각을 뛰어넘는 것이 필요했다. 일상적인 수업 공개와 수업 연구를 통해 교사들의 역량을 향상시킨다는 과제도 교사들이 동일한 영역에서 서로 함께 노력하는 동료라는 생각 없이는 달성할 수 없다.

또한 아주 다른 개성의 인격체들이 모여 있는 학교에서 구성원 모두에게 공통된 일이면서, 구성원 개개인에게 가장 큰 영향을 주고, 모두가 중요하게 생각하는 것이 수업이다. 그렇기 때문에 한 학교의 교사를 공동체로 묶을 수 있는 가장 손쉽고도 좋은 영역이 수업이며 수업을 함께 공유하고 함께 논의하고 함께 노력하는 것을 통해서 교사들은 '수업의 전문가'로 거듭나는 동시에 같은 일을 함께 하고 있는 '동료'로 인식이 된다.

2010년 3월에 처음 신규 발령이 나서 장곡중학교에 온 과학 교사가 있었다. 당시 장곡중학교는 혁신학교로 첫 발을 디디면서 수업을 혁신하기로 했고, 3학년의 일부 교사를 제외한 대부분의 교사들이 함께 수업을 바꾸기로 했다. 수업에 방점을 찍고 함께 연구하고 함께 성장하기 위해 수업을 공개하고 서로의 수업을 들여다보면서 함께 성찰하기로 하였다.

그때 발령을 받은 과학 신규 교사도 이 흐름에 따라 4월에 수업을 공개했다. 1학년 수업이었고, 물의 끓는점 실험이었다. 교사는 학생들을 모둠으로 만들고 물이 끓는 실험을 했는데 물이 끓으면서 온도가 계속 올라가는가 아니면 물이 끓는 시점에서 더 끓여도 온도는 올라가지 않고 멈추는가를 알아보는 실험이었으며 교과서에 나와 있는 실험을 그대로 했다. 그러나 이 실험에서 교사는 긴장한 나머지 '끓임쪽'(boiling chip)을 넣으라는 지시를 학생들에게 하지 않았다. 전직 과학 교과 교사였던 당시 교장 선생님은 수업 이후에 이 부분을 지적하면서 내내 과학 교사에게 "기본을 지키지 않는 과학 교사"라는 농담을 던지셨다.

그 다음 해에 이 교사는 5월 2학년 수업을 공개했는데 원자를 주제로 수업을 진행했다. 교과서에는 원자 배열이 같은지 다른지를 살펴보고 배열이 같으면 같은 분자, 다르면 다른 분자임을 알아내는 개념 수업이었다. 이 수업에서 교사는 옆 자리에 앉은 한문 교사의 자녀가 가지고 노는 블록을 빌려서 수업 자료로 활용하였다. 학생들을 모둠으로 만들고, 다양한 블록을 주면서 원자 배열을 블록으로 만들어보도록 하였다. 학생들은 블록을 결합하고 해체하는 활동을 통해서 같은 색의 블록이라도 세 칸인지, 네 칸인지에 따라 다른 블록이며, 같은 두 칸이라고 해도 노란 색 블록과 붉은 색 블록이 다르듯이 분자도 분자를 구성하는 원자가 같고 그 배열이 같아야 같은 분자임을 이해할 수 있었다.

전년도에 교과서에 있는 실험을 각신히 했던 교사가 일 년 만에, 교과서에 나온 개념을 교과서에서 제시한 방법이 아닌 자신이 창안한 방법으로 학생들에게 활동을 제시하여 수업을 진행하는 것을 보고 많은 동료 교사들이 그 성장에 감탄을 하는 동시에 자신의 수업을 성찰했다.

3년째 되는 해인 2012년 10월에는 2학년 공개수업에서 빛의 반사 실험을 진행했다. 여기서 교사가 3년 동안 이리도 성장할 수 있는가 하는 감동의 수업을 만들었다. 교과서에는 빛의 반사에 대해 여러 가지 실험이 있었는데 교사는 이 실험들을 다 버리고, 새로운 실험 네 가지로 학생들이 수업에 몰입하고 빛의 반사에 대해 정확하게 알게 만들었다.

'거울이 달린 각도계와 레이저로 빛의 반사를 실험'하라는 교과서 과제를 따와서 여학생들이 수업 시간에 자주 들여다보는 조그만 손거울을 통해 자신의 얼굴을 비춰보게 하였다. 그러면서 학생들에게,

"이 작은 거울에 큰 얼굴이 어떻게 다 들어가는지"

"거리가 멀어져도 얼굴이 다 보이는지"

"얼굴이 다 보인다면 아주 먼 거리에서 거울로 비춰보면 전신이 다 들어갈 수 있는지"

생각해 보고 직접 확인해 보게 하였다. 160센티미터의 학생이 다 들어가는 전신 거울은 최소 몇 센티미터인지를 각도계와 레이저로 해결하도록 과제를 제시하였다. 그 과제 후에 얼굴의 가로 너비는 몇 센티미터 안에 들어갈 수 있는지를 생각하도록 하였다.

이 과정에서 학생들은 인간이 두 개의 눈을 가지고 있는 상태에서 어떤 하나의 눈으로 들어간 빛이 다른 눈을 통해 인식되

는 경우와 같은 눈을 통해 인식되는 경우를 비교했다. 왼쪽 눈으로 들어간 빛이 반사되어 오른쪽 눈으로 인식되는 경우(또는 오른쪽 눈으로 들어간 빛이 반사되어 왼쪽 눈으로 인식되는 경우)와 왼쪽 눈으로 들어간 빛이 왼쪽 눈으로 인식되는 경우(또는 오른쪽 눈으로 들어간 빛이 오른쪽 눈으로 인식되는 경우)로 나누면, 각각 두 경우가 생기므로 얼굴이 거울에 다 비치려면, '거울의 가로 너비는 최소 얼마 이상이 되어야 하는지'라고 조건을 주어야 과제를 해결할 수 있다는 것을 학생들은 과학 교사와 이야기하면서 알아가고 있었다.

교사가 만들어낸 또 다른 두 개의 과제는 교과서를 뛰어넘어 현실과 연결이 되었으며, 마지막 과제는 미술에서 가져온 문제로 이루어져 있었다. 학생들은 그 수업에 몰입하면서 몇몇 모둠은 직접 실험을 넘어 빛의 반사를 이론으로 생각하면서 마지막 과제를 해결해내었다.

이 광경을 지켜보던 교사들은 신규 교사가 3년 동안 수업 공개와 연구회를 통해서 얼마나 성장하는지를 깨달았으며, 자신 또한 다른 과목일지라도 그런 수업을 보고 감동 받을 수 있는 안목이 생겼다는 것도 알게 되었다. 그리고 반드시 같은 교과목을 보는 것만이 자신의 수업을 성장하게 만드는 것이 아니라 수 어떤 과목이든 자신의 수업을 성찰하고 성장시키는데 큰 도움이 된다는 것을 알게 되었다. 오히려 너무나 익숙해서 배울 것을 찾기 어려운 자신의 과목 수업보다는 다른 과목의 수업에서 새로운 아이디어를 발견하고 배움을 이룰 수 있다는 것을 3년의 수업 공개를 보면서 깨닫게 되었다. 그런 깨달음은 학교에서 수업 공개와 연구회가 자연스럽게 이루어지게 하는 바탕이 되었다.

교사들이 서로의 수업을 공개하는 것은 정말 쉽지 않다. 그것은 그동안 교사의 수업을 보고 말하는 것은 부당한 교권 침해라는 인식이 대부분의 학교에 팽배해 있었기 때문이다. 이런 인식을 한순간에 바꿀 수는 없을 것이다. 이러한 상황에서 관리자가 앞장서서 수업을 바꾸는데 열정을 쏟는 것이 가장 위험하다. 수업을 하지 않는 관리자가 '수업을 하는 교사'들의 수업에 개입하는 순간, 교사들은 항거한다. 절대로 교실 문을 열려고 하지 않는다.

수업의 변화는 관리자가 아닌 교사들이 앞장서야 한다. 그리고 앞장선 사람이 먼저 수업을 열어야 한다. 특히, 부장들이 앞장서서 수업을 열어야 나머지 교사들도 저항 없이 수업을 열게 된다. 부장 중에서도 수업을 열었을 때 가장 교사들에게 설득력이 있는 부장은 교무 부장이라고 생각한다. 일반적으로 학교에서 관리자 다음으로 권위를 가지고 있으면서 학교의 업무를 총괄하고 학교에 대해 교사들 중에서는 가장 책임을 가지고 있는 교무 부장이 앞장서서 수업을 열었을 때 교사들은 수업 공개를 자신들도 반드시 해야 하는 일로 받아들인다. 가장 바쁘고 연륜도 많은 교무 부장이 수업을 열었는데 어느 교사가 열지 못한다는 말인가 하는 인식이 교사들 사이에 퍼져나가기 시작한다.

가장 기억에 남는 학교가 강원도의 거진중학교이다. 강원도 교육청은 혁신학교와 같은 의미로 행복플러스학교를 지정하고 있는데, 행복플러스학교로 지정된 거진중학교 교무 부장 선생님은 가장 먼저 수업을 공개하였다. 교무 부장이 수업을 공개하는 경우는 그전까지 본 적도 들은 적도 없던 일이었다. 이렇게 교무 부장이 수업을 공개하자 나머지 선생님들이 자연스럽게 수업 공개를 하게 되었고, 2년 정도가 되자 학교가 '배움의 공동체'로 정착이 되었다. '우리 학교는 선생님들이 수업 공개를 하려고 하지 않아 힘들다.'라고 말로만 하는 경우와 교무 부장이 직접 수업을 제일 먼저 공개하는 경우는 비교가 되지 않는다. 말은 사람을 감동시키지 못하지만 실천은 보는 사람을 움직이게 하는 마력이 있다.

장곡중학교는 2010년 수업 공개를 처음 할 때 교육혁신 부장이던 내가 가장 먼저 수업을 열었다. 그리고 교육혁신부 교사들이 뒤를 이었고, 그러면서 수업 혁신에 관심 있던 교사들이 그 이후에 나서서 수업을 공개했다. 교무 부장 선생님도 수업을 열고 싶다고 하여 다음 해 3월에 공개 수업을 진행했다. 이처럼 자연스럽게 수업 공개가 일상화되었고, 교사들은 수업을 함께 공유하면서 수업이 '내 것'이 아닌 '우리의 것'이 되었고 '우리의 수업'을 통해 우리는 '동료'가 되었다.

그래서 수업을 공개할 때는 같은 과목의 교사들이 함께 공개되는 수업을 고민하면서 같이 수업을 설계하고, 공개하는 교사가 수업을 진행하는 동안에 수업을 같이 고민한 교사들이 오히려 초조해 하며 수업을 참관한다. 그런 동료들의 눈빛은 수업하는 교사를 '혼자서 외로이 어려운 일을 하고 있다'는 인식에서 벗어나 '우리가 함께 어려운 일을 하고 있다'는 생각을 하도록 한다. 그러면서 동료애는 더욱 깊어진다. 또한 함께 수업을 고민하고 설계하면서 서로의 수업 설계 능력은 성장하게 된다.

지금 내가 다른 학교 교사에게서 가장 많이 듣는 질문과 하소연 중에 단연 첫 번째가 바로,

"어떻게 하면 교사들에게 수업을 공개하도록 하죠?"이다.

절박함은 당연함을 낳는다. 우리학교 교사들은 수업 공개를 다들 당연하게 자발적으로 했다. 그것은 어찌 보면 그만큼 우리에게 다른 사람의 수업을 보는 것이 절박했고, 그 절박함이

자신의 수업을 다른 사람에게 공개하는 동기가 되었을 것이라 생각한다. 그리고 그 속엔 서로에 대한 믿음과 사랑이 있었기에 가능했을 것이리라.

우리 학교만 특별히 동료에 대한 사랑과 믿음이 있었나? 그럼 다른 평범한 학교는 못 하겠네 할지도 모른다. 그러나 그런 질문을 받으면 나는 늘 이렇게 답한다.

"혁신학교를 정녕 하고 싶다면 그렇게 느끼는 당신이 먼저 수업 공개를 해라. 그리고 가장 친한 사람에게 수업 공개를 부탁해라. 그렇게 하다 보면 수업 공개가 자연스럽게 된다."

이런 나의 부족한 답변을 듣고 수많은 학교에서 혁신학교를 추진하는 사람들이 수업을 가장 먼저 공개했다.

교사들의
자발적인 학습

교사가 수업을 통해서 아이들이 서로 관계를 형성하고 자신의 능력을 쌓아가는 의미 있는 시간을 찾을 수 있도록 돕기 위해서는 각 교과에 대해 깊이 있고 풍부한 내용을 알고 있을 뿐만 아니라 그것을 아이들이 자신의 것으로 능동적으로 해석하여 의미를 부여하는 과정으로서 수업 방식, 또는 학습 방식에 대해서도 깊이 있고 풍부한 이해를 가지고 있어야 한다. 이것은 교사들의 동료성에 바탕을 두고 그들 앞에 놓인 문제를 풀어가기 위해 반드시 필요한 것이다.

교육 당국에서 실시해왔던 기존의 교직 연수는 교사들이 아이들과 함께 교실에서 생활하며 그들의 배움을 이끌어가는 과정에서 비롯되는 경험과 문제에서 출발하여 교사들이 자발적으로 찾아가고 만들어가는 것이 아니라 일방적으로 정해진 프로그램과 내용을 따라가는 것이었다. 이것에 대한 대안으로서 교사들의 자발적인 학습 모임, 교사들이 자발적으로 구성하고 운영하는 연수 프로그램이 반드시 필요하다.

당신이 학교 혁신을 담당하게 된다면, 특히 수업 혁신을 책임지게 되었다면 특정한 교사들만 할 수 있는 수업을 권하겠는가 아니면 누구나 할 수 있는 수업을 권하겠는가? 2009년 11월에 시흥시의 새로운 학교 모임 교사들이 하중초등학교에서 열었던 HRM 연수는 참으로 많은 도움을 준 기회였다. 이 모임은 새로운 학교 모임이라는 이름처럼 학교를 새롭게 바꾸고 싶어 하는 교사들이 정기적으로 모여서, 학교가 혁신학교가 된다면 어떻게 해야 되고, 어떤 면에서 변화해야 하며, 교사들은 어떤 역할을 해야 할 것인지를 공부하는 모임이다. 그 모임에서 혁신학교를 고민하는 교사들이 수업 혁신을 한다면 과연 어떤 수업 모델들이 있으며, 어떻게 수업을 바꿔야 하는지를 공부하기 위해 11월에 경기도 율곡연수원의 '찾아가는 연수프로그램'을 신청했고 하중초등학교에서 연수가 진행되었다. 그 프로그램에서 우리는 남한산초등학교의 교육과정과 프레네 교육, 수준별 학습 방법, 프로젝트 학습, 협동학습, 배움의 공동체 등을 알게 되었다.

흔히들 교육은 교사의 질을 넘지 못한다고 한다. 맞는 이야기다. 훌륭한 교사들이 훌륭한 수업을 하며 그 수업 속에서 훌륭한 아이들이 만들어진다. 그래서 교사들은 제각각 훌륭한 교사가 되기 위해 방학만 되면 여기저기 연수를 받으러 돌아다닌다. 그런데 그렇게 받은 연수들이 교사 개인의 수업을 얼마나 질 높게 만들었는지 참으로 궁금하다. 방학마다, 혹은 학기 중에도 그렇게 많은 연수를 받았다면 분명 수업이 질적으로 성장해야 했고, 그랬다면 지금 교사들은 수업 면에서 어떤 공격을 받을 이유가 없다. 그런데 교사들은 수없이 많은 연수를 받는데도 불구하고 수업에서 그만한 질적 성장을 못 이루고 있다.

교사들이 방학마다, 혹은 학기 중에 받는 연수는 수업에서 어떤 역할을 하고 있을까? 경력 란을 화려하게 꾸미고, 교원평가나 성과급에서 높은 점수를 받게 하는 데만 영향력을 끼치는 것은 아닐까? 연수를 받는 교사들이 자신들이 받은 연수가 그렇게만 영향력을 끼치는 걸 과연 어떻게 생각할까? 당연하게? 아니면 '나만 왜 이러지? 우리 아이들은 안 돼?'로 인식되면서 수업을 바꾸는 것과는 무관하게 연수 따로 수업 따로 노는 것은 아닐까.

장곡중학교도 다른 학교와 마찬가지였다. 어쩌면 교육공동체 사이의 갈등으로 환경이 더 나빴을 수도 있었다. 그랬기에 생산적이고, 교육적인 일에 힘을 쏟고 싶었는지도 모른다. 교육적인 일에 힘을 쏟는 데 독서보다 더 좋은 것은 없을 것 같았다. 그래서 나는 교사들에게 독서 토론을 하자고 제안을 했다.

"우리 책 읽자. 아이들 잘 가르치려면 교사가 많이 알아야 해. 학교가 너무 바빠서 교사들이 정신을 못 차리잖아. 너무 바쁘지만, 일 년에 소설책 말고 제대로 된 책 한 권이라도 읽자. 함께 읽으면 어렵고 힘든 책도 결국 읽게 될 거야." 그렇게 독서 토론을 제안했고 많은 교사들이 그 토론에 들어왔다. 교사들을 게으른 집단이라고 매도하지만 알고 보면 교사들처럼 배움에 적극적인 집단도 드물다.

그렇게 우리는 독서 토론을 했다. 독서 토론용 책 선정은 내가 했다. 내가 제안한 일이었고, 누군가 해야 한 일이라면 제안한 사람이 하는 것이 좋겠다는 생각이었다. 책 선정은 지금 이 교육적 현상에 대한 원인을 분석하고, 왜 이런 터무니없는 경쟁이 학교에까지 들어와서 아이들을 좌절과 분노와 죽음으로 몰아 넣고 있는지, 우리 사회가 왜 이렇게 경쟁으로 치닫고 있는지에 대한 원인이라도 알 수 있도록 하는 책들로 골랐다. 물론 다 그런 책들만은 아니었다. '공부란 무엇인지', '아이들에게 어떻게 가르쳐야 하는지', '바르게 살아가는 것이란 어떤 것인지'에 대해 서로 이야기하고 함께 생각할 수 있는 것으로 하였다. 온 세상이 신자유주의의 광풍으로 앓고 있는 이 시대에 대한 이해야말로 교육에 대한 정확한 이해와 해결 방안을 생각할 수 있게 할 것이란 생각이 들었다.

독서 토론에 참여하는 교사들이 예상보다 많았다. 처음 시작에는 15명 안팎 참여했다. 이 독서 토론에서 읽었던 책들은 어느 기간이 지나면 독서 토론에 참여하지 않은 교사들의 책상 위 여기저기에 올라가 있었다. 시간에 쫓겨 참여하지 못했지만 '제대로 알고 싶다. 공부하고 싶다.'는 욕망들이 교사들 가슴 한쪽에는 늘 존재한다는 것을 다시금 알게 되었다. 시간이 지나면서 독서 토론에 참여하는 교사의 수가 줄기도 했고, 제대로 이루어지지 않아 3명이 한 적도 있었는데, 학교란 곳이 어떤 곳인지 하루만 들어와서 있어 보면 독서 토론을 하겠다는 생각과 추진, 참여에 얼마나 결단이 필요하고, 남은 여력을 짜내어야만 하는 것인지 단박에 이해할 수 있을 것이다.

수업이 끝나서 종례하고 청소해서 아이들을 내보내면, 곧 바로 방과 후 수업이 시작이 되고, 동시에 무슨무슨 위원회도 시작되고, 나이스에 출결도 입력해야 하고, 무슨무슨 신청서 받은 것 정리도 해야 하고, 무슨무슨 통계 받은 것도 숫자를 세서 제출해야 하고, 수업 하느라 밀려뒀던 공문도 보내야 하고 결재도 받아서 정리해야 하기에 교사들이 학교 안에 있는 시간은 그야말로 전쟁터를 방불하게 한다. 점심시간 한가하게 앉아 밥 먹어 본 적 없이 헐레벌떡 밥을 먹고 종 치면 칫솔질도 못 하고 교실에 들어가는 일이 다반사인 곳이 바로 학교다. 그런데 이 아수라장에서 또 시간을 내서 독서 토론에 참여한다는 것이 가당키나 한 일이었던가! 그런데도 교사들은 모이려고 애를 썼다. 그랬기에 모이지 못한 선생님들의 마음이 읽혀졌다.

그래서 독서 토론이 끝나면 메신저로 토론 내용을 정리해서 다음 번 책 이름과 함께 전체 교직원들에게 보냈다. 메신저 공해가 되지 않을까 고민도 했지만 정기적으로 모이고, 의미 있는 논의가 이루어지는 것을 선생님들께 알리고, 참가를 못 하더라도 논의된 내용은 함께 공유하고 싶었다.

장곡중학교를 혁신학교로 만들기 위해서 나와 장은미 선생님이 HRM 연수를 받을 때 그 많았던 수입 모형과 이론 중에서 가장 내 마음을 끈 것이 바로 '배움의 공동체'였다. 장은미 선생님은 당시 중학교 3학년 담임이어서 중간 중간에 참여하지 못한 연수도 있었다. '배움의 공동체' 연수도 그날 장은미 선생님이 고입 원서 때문에 참석을 못한 연수였다. 나머지 연수들 협

동학습, 수준별 학습, 프레네 교육, 프로젝트 수업 등을 함께 공
부한 장은미 선생님에게 '배움의 공동체 '에서 배운 것을 알려
줄 때 반응이 달랐다.

　당시 우리는 HRM 연수에서 배운 것들을 독서 모임에서 고스
란히 풀어 놓았다. 독서에 대한 토론이 끝나면 우리가 연수 받
았던 것들을 알려주고 다시 한 번 생각하였다. 독서 토론에서
모인 교사들에게도 혁신학교 정책을 설명하고 우리 학교를 혁
신학교로 만들자고 함께 마음을 모은 상태였기에 우리가 받은
연수를 전달하는 것은 참 의미 있는 일이었다. HRM 연수에서
받은 것들을 선생님들에게 전달을 할 때 반응이 있었던 것이
'배움의 공동체'였다. 나 역시 다른 연수들 중에서 가장 마음으
로 들어온 것이 '배움의 공동체'였다. '어떻게 교사들에게 수업
바꾸라고 할 것인가?'를 고민하던 내게 '이거라면 가능하지 않
을까?' 했던 것이 바로 '배움의 공동체'였다.

수업 혁신을 위한
환경 만들기

혁신학교 성공을 위해 수업이 아닌 다른 프로그램, 예를 들면 방과 후 프로그램이나 새로운 시설 및 기자재를 도입하는 것은 부수적인 업무를 더 많이 파생시킨다. 물론, 다른 프로그램이나 사업이 요구되기는 하지만, 가장 중요한 것은 교사들의 수업 준비를 지원하고 이를 위한 학교 운영이 우선시 되도록 예산, 조직, 행정을 배치하는 것이다.

장곡중학교는 다른 혁신학교와 달리 혁신학교를 만들기 위한 프로그램을 만들지 않았다. 구성원들이 시범학교와 같은 스트레스를 받지 않도록 하기 위해서였다. 이것은 어찌 보면 당연한 일이라고 생각된다. 학교 혁신의 목표를 수업, 학생 자치, 학생 복지로 정했기 때문에 이것 외에 특별한 프로그램을 기획할 이유가 없었다. 그러므로 교사들은 수업을 위한 연구와 실천에 최선을 다하면 된다고 생각했다.

학생 복지는 사회복지사를 혁신 비용으로 채용하여 사회복지사의 주도하에 체계적으로 진행하고 있었기 때문에 교사들이 특별히 해야 할 일은 없었다. 학생 상담 및 복지 프로그램 연결 업무를 사회복지사가 하기 때문에 담임교사들은 학생들의 학습지도에 더욱 전념할 수 있다. 그리고 학생 자치 활동은 2009년까지 있어왔던 활동을 혁신학교 예산의 뒷받침을 받아 더욱 더 알차게 할 수 있게 되었다. 혁신학교 예산 덕분에 지금은 학생 자치 활동이 풍성하고 넉넉하다. 또한 시흥시가 교육혁신지구로 선정이 되면서 시흥시청에서 행정 전담 인력의 비용을 지원하여 주었다. 그렇기 때문에 교사가 공문 작성을 하거나 결재를 받으러 돌아다니지 않는다.

지금은 경기도의 전체 학교에 행정업무 전담 실무사가 배치되어 있다. 2011년 12월 경기도교육청에서 교원 업무 경감을 위한 예산을 각 학교로 내려 보냈기 때문이다. 그래서 2012년 3월부터 각급 학교에는 두 명의 행정업무 전담 실무사가 배치되게 되었다. 그러나 아직도 많은 학교에서는 교사들이 업무 경감에 대해 체감하지 못하고 있다.

연수를 가면 항상 교사들이 묻는 질문이 있다.

"장곡중학교의 수업 혁신의 바탕은 교사들에게 잡무가 없기 때문 아닌가요?"

"우리학교도 행정업무 전담 실무사가 있는데 업무가 경감되었다는 느낌이 안 와요. 어떻게 하면 경감시킬 수 있죠?"하고 묻는다.

이런 학교들에서는 행정업무 전담 실무사들을 제대로 활용하지 못하고 있다는 생각이 든다. 지금은 그렇지 않지만, 많은 중학교에서 처음 행정 업무 경감을 할 때 문제가 되었던 것은 다름 아닌 그 학교의 부장들이었다. 공문 처리를 실무사에게 주라고 해도 줄 수 없다고 하면서 부장들이 쥐고 있었다. 부장들이 쥐고 있으니까 계원들이 결국은 공문 처리를 하게 되고, 그렇게 되니까 업무가 경감되지 않았다. 이것은 교사들에게도 문제가 되었지만, 행정업무 전담 실무사에도 문제가 되었다. 자신이 하는 일을 못하니 자기 효능감이 저하되었다. 장곡중학교의 실무사와 실질적으로 비교가 되면서 정체성에 대한 혼란을 겪기도 했다. 지금 그런 중학교들은 업무 경감이 효율적으로 잘 돼서 교사들의 학교 만족도가 무척 높아졌다.

이와 비슷한 경우에 대한 숱한 질문을 받았다. "부장들이 공문을 쥐고 있는 상황에서 어떻게 실무사에게 이런 공문을 처리하라고 할 수 있느냐?" 질문을 한다. 하지만 교사가 무슨 일을 하는 사람인가에 대한 답은 결국 교사가 하는 일의 가장 기본은 수업과 학생 지도라는 것이다. 수업과 학생 지도를 방해하는 것은 최소한으로 만들어야 한다는 생각을 가지면 업무 경감을 효율적으로 할 수 있을 것이란 생각을 한다.

장곡중학교에서는 교무행정 업무는 교감이 총괄하는데, 교무행정을 중심으로 '교무행정업무전담팀'과 '교육활동지원팀'을 구성하여 고유의 업무인 공문 처리와 교수학습 지원업무를 한다. 부장 교사와 비담임 교사 중심으로 교무행정업무전담팀에서 할 수 없는 교무행정업무를 처리하고 학교의 시스템을 학년 중심체제로 하여 교수-학습 활동이 중심이 되도록 하고 있다. 또한 모든 공문의 결재와 행정업무는 각 부서별로 교무행정업무전담팀에서 업무를 분담하여 운영하는데 결재를 단순화하고 경기도 교육청의 전결 규정을 준수하여 결재도 간소화하였다.

이런 말은 우리 학교의 시스템이 최적이라고 하는 말처럼 오해할 수 있을 것이다. 그러나 우리 학교는 교사들의 수업을 지원하기 위해 모든 교직원들이 협의를 했고, 그 협의에서 나온 의견을 모은 것이 위와 같은 시스템으로 구현이 된 것이다. 그리고 이것은 한 해, 혹은 한 번의 협의 결과는 아니며, 내년에도 지속되는 시스템이라고 확언할 수 없다. 첫 해에 전체 교사들의 협의를 거쳐 마련된 시스템이 다음 해를 거치면서 더욱 정교화되어서 올해 위의 시스템이 펼쳐지고 있는 것이다. 아마도 올해의 시스템은 교감 선생님이 바뀌었기에 다시 협의 과정을 거치면서 더욱 효율적으로 바뀔 수 있을 것이라 짐작이 된다.

수업 컨설팅을 위해 한 중학교를 방문한 경험을 말하고 싶다. 공개 수업을 보면서 뭔가 잘못되었다는 것을 알게 되었다. 공개 수업을 하는 교사가 배움의 공동체 수업에 대한 이해가 없었고, 진행되는 방식에서도 소통에 문제가 있다는 것이 느껴졌다.

교사들과 몇 번의 질문을 하는 과정에 왜 교사들의 수업이 그럴 수밖에 없는지, 공개 수업을 하는 교사가 왜 배움의 공동체 수업에 대한 이해 없이 하는지에 대해서도 어렴풋이나마 깨달을 수 있었다. 그것은 관리자와 교사들 시이의 소통이었다. 한 학교에서 역할이 다른 집단이 있을 때 서로의 입상에서 서로를 이해해야 하는데 그것이 부족해 보였다. 특히 관리자가 교사들의 원하는 바를 수용하지 못하고 있었다. 또한 수업을 지원하겠다는 의지가 없이 자신의 생각대로 학교를 만들어가고 있는 것이 느껴졌다.

이런 경우 교사들은 주어지는 모든 일들을 할 수 있을 만큼만 하게 된다. 사람은 모든 것을 다 완벽하게 할 수 없기 때문에 거기에 따른 선택과 집중이 있어야 하는데 모든 것을 다 잘하도록 요구 받으면 모든 것을 할 수 있을 정도만 하게 된다. 그래서 그 학교는 교사들이 수업을 그렇게 일반 학교처럼 하고 있었고, 수업을 공개하는 것에도 전혀 소통하려는 노력이 없었다. 그냥 돌아가며 차례대로 하는 식으로 진행되고 있었다.

이런 점에서 장곡중학교의 선택과 집중은 수업에 있다. 그렇기 때문에 수업을 방해하는 요소들은 제거하고, 수업을 지원하는 시스템을 보다 효율적으로 구축하고자 노력한다. 행정전담 부분도 수업 혁신을 지원하는 연장선상에서 이루어진다. 특히 우리 학교는 시흥시와 도교육청이 협약을 체결해서 지정한 교육혁신지구 안에 있는 학교이기 때문에 그렇지 않은 혁신학교와 인원 구성 면에서 다르다.

행정 전담 부분을 설명하자면, 혁신학교 이전에 다른 학교에도 다 있었던 교무보조 한 사람이 있었다. 주로 공문보다는 교감 선생님의 심부름과 손님이 왔을 때 차를 대접하기나 교무실 청소, 우편물 정리들과 같은 잡무를 했었다. 이 교무보조를 잡무에서 해방시켜 행정업무를 전담하도록 하였다. 또한 시흥시가 교육혁신지구로 지정이 되면서 시흥시에서 보조해주는 행정전담 한 명을 채용했다. 그리고 장곡중학교가 경기도의 혁신 거점학교 역할을 하면서, 거점학교 업무를 위해 경기도교육청에서 보조해주는 행정전담 이렇게 3명을 교무행정전담팀으로 구성했다.

교육활동지원팀은 혁신학교 운영비에서 학교복지를 위해 고용한 학교복지사와 혁신학교 이전에 있던 과학보조교사, 시흥시에서 교육혁신지구인력으로 보조해준 사서교사와 독서지도사, 수업 보조교사로 구성되었다.

이 사람들은 원래 고유의 업무만 하는 것으로 고용이 되었다. 사실 법적으로 과학보조교사, 사서교사, 독서지도사, 수업 보조교사는 행정업무를 하면 안 된다. 그런데 우리 학교에서는 이 분들이 학교 행정 업무를 몇 가지씩 맡아서 하고 있다. 법을 어기는 것이 아니냐고 따지면 할 말이 없다. 그러나 여기서의 법은 노동법으로 부당한 노동 행위를 시키고, 그 부분을 고발하거나 생의 행위를 했을 때 문제가 된다.

그런데 장곡중학교는 혁신학교를 진행하면서 '배움의 공동체'를 지향하고 있다. '배움의 공동체'는 학생들의 질 높은 배움을 만들기 위해 학교의 구성원 모두가 협력하고 학교 밖의 행정 기관, 지역 사회, 단체가 연대하는 공동체를 학교로 만들자는 것이다. 학교가 구성원들의 협력이 있어야 학생들에게 수준 높은 배움이 일어날 수 있다는 것에 전체 직원들이 혁신학교를 진행하는 동안 서서히 동의하게 되었다.

이것은 우선 교사들이 수업을 바꾸기 위해 발버둥치고, 활동지를 만들기 위해 늦게까지 남아서 연구하고, 학생들과 소통하기 위해 자신을 낮추는 헌신에서 비롯되었다고 생각한다. 이런 헌신을 가장 가까운 곳에서 지켜보던 행정실 직원들과 주무관들이 협조하기 시작했고 그것은 학교의 분위기로 정착이 되었다. 예를 들자면 혁신학교가 되면 혁신학교 지원금이 학교로 내려오고, 교육혁신지구가 되면서 거기서도 지원금이 내려온다. 지원금이 사용되면 행정실 직원 전체의 일이 일반 학교와 비교가 되지 않을 정도로 늘어나는 것을 의미한다. 이런 부분에서 어떤 혁신학교의 경우는 행정실 직원과 갈등을 빚기도 하는데 장곡중학교의 행정실 직원들은 그 부분을 당연하게 생각한다.

"학생들이 즐거우면 저희도 행복해요. 학교가 좋아지는데 협조해야지요."라고 말하는 행정실 직원들이 있다. 그리고 그런 문화를 장곡중학교는 만들어 낸 것이다. 이런 분위기이기 때문에 법적으로 행정업무를 하지 말아야 하는 보조교사들과 사서교사, 독서지도사, 상담사 같은 분들이 그 분들이 맡고 있는 업무에 관련된 공문을 담당하겠다고 나섰다.

사실 이런 것들이 2010년부터 혁신학교가 되면서 바로 만들어지지는 않았다. 학교를 혁신하면서 특히 배움의 공동체를 추구하면서 '학교는 그 구성원들의 연대를 통해 학생들의 질 높은 배움을 추구하는 공동체'라는 것을 깨달으며 교사를 제외한 행정실 직원이나 보조교사들, 행정 전담 인력, 상담사, 복지사와 같은 분들이 공동체 의식을 가지도록 끊임없이 학교 분위기를 만들었다.

교원 성과급을 받으면 성과급을 받은 교사들이 돈을 조금씩 내서 학교 전체로 떡을 해서 돌리기도 하고, 회식을 하기도 했다. 교사들의 회식 자리에는 반드시 그 분도 함께 참석할 수 있도록 자리를 열었다. 그래야 그곳에서 오가는 교사들의 대화를 통해 교사들이 절실하게 원하는 것이 무엇인지 자연스럽게 알기 때문이었다. 시험 기간에는 모든 교직원이 모여 운동회도 했다. 전체 교직원을 두 편으로 나누고 풍선 터트리기, 림보, 윷놀이 등을 하면서 서로 한편이 되어 몸을 부딪쳤다. 워크숍에서도 분과 회의에 반드시 그분들을 참여하도록 하였다. 처음에는 교사가 아닌 교직원들이 분과 회의에 참여할 필요가 있냐 했는데 회의가 진행되면서 교사들이 행정업무 효율화를 위해 머리 아프게 토의하는 것을 보고는 분임 토의를 하며 교사들의 업무를 덜어주자는 의견이 나왔다.

　워크숍에서 했던 전체 회의에서 교사들이 업무 분장을 어떻게 하면 효율적으로 할 것인지 고민하는 것을 보면서 행정실 직원이나 보조 교사들은 "교사들이 저런 문제로 고민하는 줄 몰랐다."는 반응을 보였다. 그러면서 "우리가 하는 업무와 같은 공문이 온다면 그런 것은 우리가 처리해주면 교사들에게 도움이 될까?"하는 생각이 들었고, 그런 것을 분임토의 하는 도중에 교사들에게 물은 것이다. 교사들은 그렇게 물어보는 보조교사들에게 환호하며 감사함을 표했고, 그 환호에 답하듯 보조교사들은 자신들이 하는 업무와 같은 분야 혹은 비슷한 분야의 공문을 담당하겠다고 했다. 이렇게 되면서 일반 학교들과 다르게 업무가 더욱 효율적으로 경감될 수 있었다.

3장

수업의 과정

대화

과거의 수업은 교과서 지식만을 가르쳤다. 교과서 지식이 대외 고사와 학력고사 및 9급 공무원 시험에도 그대로 출제가 되었다. 고등학교 교과서의 지문이 그대로 시험에 나왔으며, 다른 지문이 나오더라도 문제 속의 작은 지문으로 나왔다. 그래서 교과서를 바이블이라고까지 했으며 교과서를 다 외우면 학력고사 만점을 받을 수 있다고도 했다. 실제로 9급 공무원 시험에서 가장 유리한 사람은 인문계 고등학교를 갓 졸업한 학생이었다.

그랬기에 수업 시간에 선생님의 설명을 빠짐없이 메모하고 기억하고 공책을 보고 외우는 것이 공부였다. 수업 시간에 다른 생각을 하거나 다른 짓을 하면 자신의 인생에 아주 나쁜 영향을 미칠 것이라고 학생들은 생각했다.

그러나 어느 결엔가 지식을 묻는 문제는 더 이상 수능에서 출제되지 않았다. 수능 언어영역에서 국어 교과서에 있는 지문이 한 단락도 출제되지 않는다는 것을 대부분의 교사들은 알 것이다. 이것은 우리 사회에서 단순한 지식을 아는 것은 더 이상의 지식이 아니라는 것을 반증한다.

현대 사회에서 지식은 단순히 암기하는 대상이 아니라 지식을 가공하고 연결하며, 세상에 널린 지식을 가치 있는 정보의 체계로 구성하는 행위를 말한다. 또한 주어진 텍스트를 읽고 해석하며, 그 해석을 통해 차원 높은 추론을 이끌어내고, 더 나아가 자신의 생각을 논리적으로 표현하는 논술이라는 개념을 지식의 한 영역으로 다루고 있다. 이런 현실을 비추어볼 때 현재 많은 교실에서 이루어지고 있는 지식 전달의 수업은 재조정될 필요가 있다.

교과서에 나오는 것을 쉽게 풀어서 가르치는 능력은 확실히 '능력 있는' 교사들이 할 수 있으며, 이것은 어떤 개념을 가르치는 경우에는 아주 필요한 능력이다. 그러나 이것으로만 수업을 채운다면 교사는 지식 전달자로서의 역할로만 만족해야 한다.

학생들이 수업 시간에 배운 지식을 토대로 새로운 지식을 만들어 내고 적용하는 것을 가르치려면, 지식의 단순한 전달에서 나아가 학생들이 지식을 만지고, 생각하고, 함께 이야기하면서 스스로 확장하고, 깊이 있게 깨닫도록 수업을 만들어야 한다. 그렇기에 교사 중심의 수업이 아닌 학생들이 스스로 깨닫고, 이해하고, 나아가 지식을 생산할 수 있도록 수업을 디자인해야 한다. 이런 것을 '배움 중심 수업'이라고 여러 공문에서 이야기를 한다.

학생들이 사회에 필요한 가치 있는, 의미 있는 지식을 만들고 생산한다는 것은 자신의 친구와 관계를 맺고 협력하고 수업의 주제와 대상에 대해서 탐구하고 자신의 기억을 돌이켜보면서 자신이 하고 싶은 것이 무엇인지를 마음에 새기는 과정이다. 의미를 부여하고 그 의미를 서로 공유하고 협력을 통해 문제를 해결하는 과정에서 관계를 맺는 일에 반드시 필요한 것이 대화이다.

주제 :
수업의 시작

수업을 디자인하는 데 가장 중요하게 고려해야 할 것은 주제이다. 주제는 학생들 앞에 부딪치는 해결되어야 할 문제이다. 아이들의 지적 호기심, 배움에 대한 열망, 그리고 배움에 대한 의미를 부여하고 해석하는 것은 수업에 주제가 없으면 불가능하다.

수업이 교사 자신과 아이들에게 모두 의미가 있으려면, 수업은 주제가 있어야 하며, 그 주제는 국가교육과정이나 그것을 기반으로 작성된 진도에 얽매여서는 안 된다.

다음 사례들은 주제가 실생활과 관련되어 있다는 점, 학생들에게 자신을 되돌아보고 생각하게 하는 실천적 의미를 부여한다는 점, 비판적 사고 방법을 익히도록 한다는 점 등에서 매우 좋은 수업으로 평가되고 있다.

친구와 우정의 의미를 생각하기 - 도덕[1]

이 수업은 웅곡중학교 1학년이 했던 도덕과 2단원 '친구와 우정의 의미'에 관한 것이었다. 교사는 수업의 주제를 '우정의 의미를 설명할 수 있다', '참된 친구 관계를 가꾸는 데 필요한 덕목을 말할 수 있다', '좋은 친구의 의미를 깨닫고 내가 먼저 실천할 수 있다'로 설정하고 수업을 진행하였다.

수업이 진행되면서 처음 설계했던 계획을 학생들과 상황에 비추어 새롭게 설계하였다. 보통 공개 수업을 진행할 때 참관하는 교사들에게 나누어준 수업 지도안의 설계를 바꾸는 일은 거의 없다. 그렇지만 이 교사는 수업을 진행하면서 학생들의 상황과 단원에 대한 이해 정도를 파악하여 그 당시 불필요하다고 생각하는 부분을 하지 않고, 대신 학생들의 발표를 더 늘려

---

1. http://blog.eduhope.net/namu/?pid=2133

아이들이 서로의 생각을 많이 듣고 공감할 수 있게 하였다. 경력 있는 교사가 만들어내는 능숙한 수업의 흐름이었다.

수업 전체에 교사의 수업 철학이 녹아있었다. 교사의 끊임없는 수업에 대한 고민이 그대로 살아있는 수업이었다. 우정의 의미 단원은 어찌 말하면 가장 도덕적인 단원이다. 단순한 가르침으로 끝날 수 있는 것을 활동을 통해 우정의 의미를 새기고 실생활과 연결했다. '우정이 어떤 모양인가.'라는 활동을 제시해서 학생들이 추상적인 우정이란 감정을 구체적 모양으로 생각해보게 하였으며, 왜 그런 모양인지 설명하게 하여 추상적 감정을 구체적인 행동과 구체적인 단어로 쉽게 표현하게 하였다.

특히 놀라웠던 것은 '친구를 이해하고, 단점을 포용해라.'라는 교훈을 교사의 지도하는 말이 아닌 활동으로 학생들이 깨달을 수 있게 만들어낸 것이었다. 그림 카드를 보면서 나쁜 친구를 찾게 하자 학생들은 그 카드에서 '남의 단점을 지적한다.', '나댄다.' 등과 같은, 자신들이 나쁜 점이라고 생각하는, 친구의 특징을 찾았다. 그때 교사가 그 카드를 다시 보면서 거기서 장점을 발견해 보라고 활동을 주자 학생들은 머리를 맞대고 생각하더니

"뒤에서 험담하는 친구보다 앞에서 단점을 지적해 주는 친구가 진정한 친구예요."

"어떤 일을 앞장서서 해 주면 때로는 내가 하기 싫던 일도 덩달아 하면서 몰랐던 즐거움을 느낄 수 있어요."

"소극적인 사람들은 활발한 것을 배울 수 있어요."

라고 말하면서 학생들은 자신들의 발견에 스스로 놀라워하고 있었다. 평소 단점이라고 생각했던 친구의 특징도 다른 시각으로 보면 장점이 된다는 것을 이 교실의 학생들은 1차시의 도덕 수업으로 깨닫게 된 것이다. 이 수업은 학급에서 일어날 수 있는 집단 따돌림도 훌륭하게 극복할 수 있는 밑거름이 될 수 있는 마술 같은 수업이었다.

자료를 통해 운동에너지에 영향을 주는 물리량을 찾기
- 과학 [2]

양평중학교 3학년 학생을 대상으로 한 과학 2-2단원 '운동하는 물체는 일을 할 수 있다' 수업이었다. 교사는 이 단원에서 수업의 주제를 '자료 분석을 통해 운동에너지에 영향을 미치는 물리량 찾기'를 설정하여 수업을 진행하였다

과학이 시행착오를 거쳐 어떤 법칙을 발견하는 과목이라고

---

2. http://blog.eduhope.net/namu/?pid=2140

할 때 이 수업은 과학 수업의 본질을 잘 전달하는 수업이었다. 학생들은 지난 시간에 정성(定性)적으로 관찰한, 운동에너지에 영향을 주는 물리량을 상기하며 질량과 속도에 따른 운동에너지의 크기를 표에 작성하였다.

‘질량이 다를 때 나무 도막이 이동한 거리는 얼마나 다른가?’

‘속도가 다를 때 이동 거리는 어떻게 달라지는가?’

학생들은 이러한 관계를 표로 그리면서 물체의 무게와 속도에 따라 움직임이 어떻게 달라지는지 수치로 나타냈다. 그 후에 본격적으로 수레의 질량과 나무 도막의 이동 거리를 그래프로 그리고, 수레 속도의 제곱과 나무 도막의 이동 거리를 그리는 활동을 하였다.

많은 학생들은 속도의 제곱과 나무 도막의 이동 거리의 관계를 그리는 활동에서 수없이 잘못된 그래프를 그렸다가 다시 친구의 것과 비교하고, 다시 수정하고, 다시 비교하고 수정하고, 교사에게 물어가며 그래프를 그렸다. 이 그래프 그리기 활동만으로도 학생들은 과학이런 과목의 특징을 충분히 받아들이고 있었다. 학생들은 그래프 그리기 활동의 결과를 가지고 운동에너지가 질량과 속도와 어떤 관계가 있는지를 알고, 또 운동에너지를 구하는 식을 만들었다.

여기까지가 교재가 전달하는 인지적인 측면이라면 교사는

이것을 넘어 현실 생활과 연결해서 학생들에게 생각할 주제를 던져주었다. 운동에너지가 속도가 클수록 크고, 질량이 클수록 크다는 것을 자동차의 과속과 연관해서 생각하도록 하였다. 자동차의 과속이 위험한 이유를 운동에너지와 속도의 그래프로 생각하도록 연결했다. 또한 운전자의 과속을 방지하기 위해 어떤 방법이 있는지 생각을 유도한 점도 훌륭하였다. 활동 하나하나가 교재와 긴밀하게 연결이 되면서 교실에서 배운 지식이 바로 현실과 연결되는 가운데 학생들은 '좋은 차가 과연 자신들이 생각하는 크고 빠른 차인지', '어떤 자동차를 생산할 것인지', '자동차에 과속을 방지하기 위해 어떤 장치를 만들어야 하는지', '법령은 어떻게 만들어야 하는지'를 진지하게 고민하고 서로의 생각을 들었다. 교사는 교실 안의 모든 아이들에게 기회를 골고루 주면서 다소 이상한 대답을 한 학생에게도 자신의 경험과 연결을 지어 훌륭하게 답변하고 있었다.

유전자 조작으로 도덕적 인간을 만들면 바람직한가?

- 도덕[3]

도덕과 공개 수업 지도안

무안북중학교 제 (2)학년 (5)반				수업자	정종삼
수업 교과	도덕	지도 단원	2) 과학기술은 중립적인가?	일 시	2011. 07. 09. (1)교시

주제	과학기술 사회에 대해 도덕적으로 성찰해 보기
수업의 흐름	1. 과학기술에 대한 두 가지 입장에 대해 모둠별로 정리하고 나누기 2. 헉슬리의 멋진 신세계에 대해 모둠별로 토론하고 나누기 3. 유전자 조직을 통한 도덕적 인간의 탄생에 대한 성찰

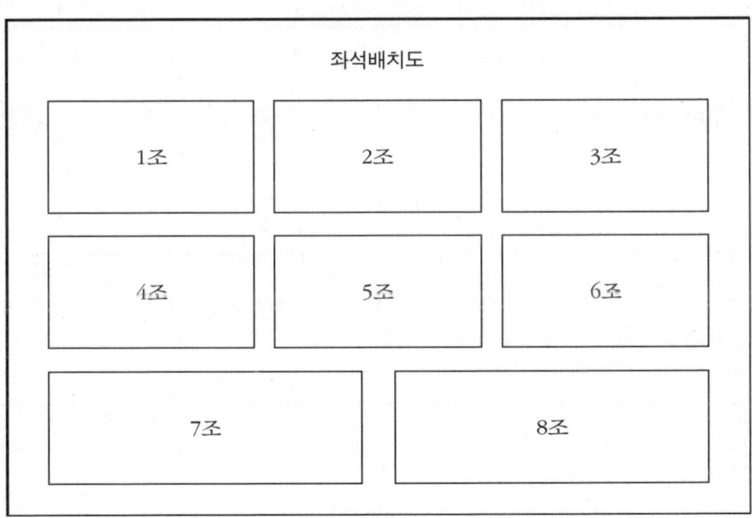

---

3. http://blog.eduhope.net/namu/?pid=2176

2) 과학 기술은 가치중립적인가? (2차시)

(1) 과학기술에 대한 두 가지 견해 (pp. 286~287)

① 과학기술에 대한 두 가지 견해가 있다. 각 입장에 대해 정리하시오.

낙관적인 견해(유토피아)
부정적인 견해(디스토피아)

② 활동2. 멋진 신세계가 현실로! 유토피아인가, 디스토피아인가?(p. 287)

1. '소마'라는 약을 먹으면 즐거움과 쾌락을 얻을 수 있다. 여러분이라면 소마를 먹을 것인가? 먹지 않을 것인가?
친구들 생각
나의 생각

2. 헉슬리가 그리고 있는 사회는 '멋진 신세계'인가, 아니면 '암울한 신세계'인가?
친구들 생각
나의 생각

[생각 Jumping 토론] 어느 가까운 미래에 유전 과학의 발달로 유전자 조작을 통해 태어날 때부터 모든 사람을 착하게 만들어 버렸습니다. 과학 기술로 모든 사람이 착해진 세상은 괜찮을까요?

괜찮다	문제가 있다

무안북중학교의 정종삼 선생님이 2011년 7월 9일에 했던 수업을 경기도 배움의 공동체 연구회 교사들이 동영상으로 보고 난 후 연구회를 하였다. 이 수업은 무안북중학교 2학년 대상의 수업이었으며 도덕과였다. 지도단원은 2단원 '과학기술은 중립적인가'였는데 교사는 수업의 주제를 '과학기술 사회에 대해 도덕적으로 성찰하는 것'으로 정하고 진행하였다.

단원이 '과학기술이 중립적인가'인데 교사는 교재를 넘어 헉슬리의 『멋진 신세계』를 제시하여 '유전자 조작을 통한 도덕적 인간을 탄생시키는 것이 바람직한가?'까지 생각하도록 유도하였다. 이런 제시는 과학기술에 대한 가치를 넘어서서 우리 사회와 미래 사회가 처할 현실에서 도덕 교과는 무엇을 해야 할 것인가를 교사에게, 학생에게, 우리 모두에게 묻는 수업이었다. 우리 삶의 발전을 위해 과학 기술이 사용되는 것이 '정당한가?' '아닌가?' 질문이 아닌 앞으로 과학 기술의 발전 속에서 살아갈 우리가 가져야 할 도덕적인 입장에 대한 질문이었으며, 학생들에게 도덕적인 성찰을 할 수 있는 기회를 제공한 것이었나.

특히 이 수업 속에서 아이들은 헉슬리가 그리는 사회가 멋진 세계인가 아닌가를, 술과 종교가 주는 일시적 쾌락과 연결시키면서 생각을 하였다. 술과 종교가 일시적인 쾌락을 주면서 결국 인간에게 유익한 것이 아니라면 헉슬리가 그리는 신세계에서 '소마'는 술과 종교처럼 인간의 정신을 마비시키는 것이고 거기에서 우러나오는 쾌락은 진정한 쾌락이 아니라는 이야기를 나누며 아이들은 생각의 도약을 했다.

또한 세 번째 과제인 '유전자 과학으로 모든 사람을 착하게 만든 세상'을 제시하자 이 속에서 '모두 선한 사람이 사는 세상엔 악이 존재하지 않을 것인가'라는 토론을 벌이면서 아이들은 '선과 악은 반대의 개념이지만 상대가 있을 때 존재할 수 있는 동전의 양면 같은 것'이라는 뛰어난 결론을 내리는 모습을 보여 줬다.

모둠 활동 :
탐구와 공유

수업에서 모둠을 구성하는 것은 학생들이 서로 협력해서 주제를 탐구하고 의미를 공유하고 문제를 해결해가는 활동에 빠짐없이 참여하도록 유도하기 위해서이다. 모둠 활동에 대해 교사가 평가함으로써 모둠 사이에 경생하는 분위기를 만들거나 모둠에서 개별 학생이 사전에 정해진 역할에 얽매이도록 내버려두어서는 안 된다. 따라서 모둠은 주제를 탐구하고 의미를 공유하는 데 적합하도록 구성되어야 할 것이다.

모둠 활동은 기초적인 문제와 수준 높은 문제에서 모두 필요하다. 한 차시분에 모둠 활동을 몇 번 하라고 하는 규칙은 없으나 보통 두 번 정도가 적당하다. 아무리 설명을 잘하는 교사이거나 학생들의 주의력을 잘 집중시키는 교사라 해도 교사 혼자 설명하는 방식으로는 10분 이상 학생들을 집중시키기 힘들다. 수업 시작 후 5분 정도는 학생들이 교사에게 주의를 기울이지만 그 이후에는 하나둘씩 적극적인 듣기 활동에서 빠져나가 버린다. 수업이 한창 진행된 이후에도 이런 상황은 마찬가지다. 일반적으로 교사 중심의 일제수업이 진행되는 모습을 지켜보면, 수업 시작부터 10분까지 학생들의 주의력은 집중되는 편이나 그 이후 시간이 지날수록 학생들이 빠져나가고 수업 중반을 지나면 빠져나가버린 학생이 너무 많아서 교사가 그 학생들을 포기하고, 듣고 있는 나머지 학생들을 중심으로 수업을 진행한다.

하지만 모둠 활동은 수업에 무관심한 학생들도 수업에 참여시킨다. 학생들이 수업에서 빠져나가는 이유는 다양한데, 이미 알고 있는 것을 수업에서 하는 경우에는 잘하는 학생들이 빠져나간다. 습관적으로 수업 시간에 경청하지 않는 학생들이 요즘에 많이 있으며 그 추세는 점점 늘고 있다. 또 활동의 내용을 몰라서 빠져나가는 학생과 기초 학력이 부족해서 참여할 수 없는 학생들도 있다. 이런 다양한 학생들을 교사 혼자 돌보면서 수업하는 일은 애초에 불가능한 일이다. 그러므로 교사는 모둠 형태로 수업을 진행하면서 그런 학생들이 모둠 내 친구와 좋은 관계 속에서 협력을 통해 수업에 참여하도록 하는 것이 모둠 활동의 1차적 목적이다.

또한 어려운 문제 해결에도 모둠 활동은 필요하다. 혼자 해결할 수 없는 수준 높은 과제를 4명의 학생들이 논의하는 가운데 해답을 찾거나 적어도 해답에 가까운 곳까지는 도달할 수 있다. 다음의 수업 사례들은 피상적으로 설명했던 모둠 활동이 실제 수업에서 어떻게 구체적으로 펼쳐지고 있는지 생각할 수 있도록 해준다.

머리를 함께 써서 새로운 생각을 창안하기[4]

응곡중학교 1학년 도덕 수업 사례이다. 교사는 학생들에게 〈너랑 나랑〉을 시청한 후 우정의 의미에 대해 각자 생각히도록 하였다. 그 후에 서로 작성한 것을 모둠 안에서 돌려가면서 보도록 하였는데 이 방법은 협동학습에서 사용하는 활동 나누기 기법이다. 이 교사는 10년 넘게 협동학습 모형을 가지고 수업을 진행했는데 당일 수업에서도 적절하게 잘 사용하고 있었다. 우

---

4. http://blog.eduhope.net/namu/?pid-2133

정의 온도를 올리는 행동과 우정의 온도를 내리게 하는 행동에 대한 이야기 나눔도 역할을 분담하여 진행하도록 하고 있었다. 중학교 1학년 학생이기에 이런 추상적인 문제에 대한 이야기가 쉽게 나올 것 같지 않다는 판단에 따라 한 모둠에서 두 명씩 나누어 두 명은 온도를 올리는 부분을 생각하도록 하고, 다른 두 명은 온도를 내리는 행동을 생각하게 하여 활동 후 모둠 안에서 나누도록 하였다. 혼자 하면 구체적인 사례가 잘 생각나지 않는데, 두 명이 짝 활동을 하면서 생각을 떠올리고 그 떠올린 생각에서 다른 생각을 떠올리는 사고의 확장이 일어났다. 또한 모둠 안에서 상반된 개념을 함께 나누도록 하여 짧은 시간 안에 우정을 지속시킬 수 있는, 또는 단절시킬 수 있는 구체적이고 다양한 방법을 함께 나누도록 하였다.

그 후 모둠을 풀고 함께 공유를 한 후 다음 모둠 활동을 주었는데 이 활동은 그림 카드를 이용하여 장점이라 생각하는 친구의 특성과 단점이라 생각하는 친구의 특성을 나누어보도록 하였다. 혼자 하면 1분 정도면 할 수 있는 간단한 활동이었는데, 모둠에서는 쉽지 않았다. 각자가 생각하는 장점과 단점이 일치하는 경우도 있었지만 전혀 상반된 생각을 가지고 있는 경우도 있었다. 이 과정에서 모둠 내의 의견이 활발하게 전개되었는데, 학생들은 자신의 생각을 말하고, 친구의 생각을 귀 기울여 들어가면서 모둠별로 장점과 단점을 분류하였다. 간단한 활동이 이렇게 자신의 의견을 나누고 남의 의견을 받아들이면서 자신의 생각을 수정하게 되는 장으로 만들어진다는 것이 놀라웠다.

교사가 단점을 장점으로 생각해보라는 또 다른 활동을 모둠에게 주자 학생들은 바로 전에 했던 논의에 기초해서 단점을 다른 시각으로 생각하기 시작했다. '느리다'는 '신중하다'로, '나댄다'는 '적극적이다'로, '이 편 저 편으로 붙는다'가 '친화력이 좋고 여러 사람을 포용한다'로 변해가면서 학생들은 자신의 입장이 아닌 다른 사람의 입장으로 생각하고 그 사람의 가치관을 이해하기 시작하였다.

단순히 좋은 친구가 되기 위한 가치관 수업을 넘어 학생들은 모둠 활동을 하면서 '이 사회에서 어떤 구성원으로 살아갈 것인지'부터 '어떻게 다른 사람을 받아들일 것인지'까지 이야기를 나누고 있었다.

기초적인 활동에서 한 번 모둠 활동을 한 후에, 전체 공유를 하고, 다음 두 번째 모둠 활동을 하면서 가치관의 변화까지 가져오는 수준 높은 이야기가 있는 수업이었다. 두 번의 모둠 활동이 수업의 흐름을 자르지 않고, 오히려 활동의 단계를 명확히 구분하는 것처럼 느껴졌으며 학생들도 그 흐름에 익숙하게 대응하고 있었다. 평소에 모둠 활동을 많이 했던 교사와 학생들이라는 느낌이 들었다.

실제 상황을 가상한 모의 활동[5]

이 사례는 장곡중학교 2학년 국어 수업의 설계이다. 장곡중학교에서 2학년은 교사 3명이 국어를 담당하고 있는데 이 중 한 사람은 2012년 3월에 처음 전입을 왔다. 그렇기 때문에 기존의 두 사람이 논의해서 수업 설계를 한 후에 새로 온 교사에게 그 설계를 설명했던 사례이다.

2단원의 '(1) 열세 동무'라는 단원인데, 3월 7일에 2단원 수업이 진행되는 이유는 국어과의 교육과정에서 교과서 차례를 다른 과목과 통합 프로젝트 등 우리 학교의 필요에 맞게 재조정하였기 때문이다. 그래서 국어 교과서 차례대로 수업이 진행되지 않는다.

'(1) 열세 동무'라는 단원은 '회의하기'를 공부하는 단원이다. 그러므로 이 단원을 마친 후에는 회의 용어를 알고, 그 용어를 사용하여 회의를 실제로 할 수 있어야 한다. 학급 자치회에서 이런 활동을 실제적으로 할 수 있게 하기 위해 2단원을 2학년

---

5. http://blog.eduhope.net/namu/?pid=2251

● 장곡중학교 학생토론대회 모습.
학생들이 개념을 정확히 이해했는지 확인하기 위해서는 수업에서 활동을 통해 자신의
일상 언어로 개념을 표현하는 과정이 있어야 한다.

첫 단원으로 설정하였다.

지난 시간에는 교과서 내용을 이해하고, 회의 용어를 교과서에 의존하지 않고 모둠에서 서로 이야기하며 회의 용어를 알도록 하였다. 일부러 사전을 사용하지 못하게 함으로써 실생활을 떠올려서 회의 용어를 이해하도록 하였다.

이번 시간에는 수업을 시작하자마자 바로 모둠을 만들어서 지난 시간에 했던 활동지를 보고 모둠에서 했던 회의 용어를 확인하게 한다. 하루가 지나면서 지난 시간에 정의했던 용의에 대한 생각이 바뀌었을 수도 있고, 수정하고 싶은 것도 있을 수 있고, 또 어려운 용어이므로 다시 한 번 지난 시간 활동을 생각해 보게 하는 활동이다.

5분 정도 지나면 모둠을 풀고, 교과서를 펴서 모둠 활동에서 생각해 낸 용어 정의를 비교하게 한다. 이때 자신이 모둠에서 이끌어낸 것이 잘못되었다고 생각되면 수정하라고 한다. 이 활동이 끝나면 회의 용어에 대해 학생들에게 질문하는데, 전체에게 물어보지 말고, 개인에게 질문을 하는 것이 좋다. 그리고 개인의 대답을 들을 때 교과서에서 정의한 말이 아닌 자신이 생각한 말로 답변하도록 한다.

예를 들면, 학생에게 정족수란 용어를 물었을 때,

"회의에 필요한 최소 구성원의 출석수"

라고 답변한다면, 그대로 두지 말고 "네가 생각했던 말로 설명해 달라"고 요구한다. 그러면 학생들은 쭈뼛거리면서

"회의를 시작할 수 있는 애들 숫자를 말해요. 그만큼의 애들이 자리에 없으면 회의를 시작할 수 없어요."

라고 대답한다. 그렇게 말하면 교실 안에 있는 학생들이 모두 정족수를 이해하게 된다. 교과서의 용어가 아닌 자신이 이해한 말로 발표하도록 하는 것이 개념 이해 수업에서 중요하다.

회의 용어에 대한 공유가 끝나면 두 번째 활동지를 나눠주고, 1번 활동을 모둠으로 하도록 한다. 이 활동은 학급에서 회의할

주제를 생각해서 회의 상황을 설정하여 시나리오를 완성하는 활동이다. 이 때 학생들이 실제 학급에서 문제가 되는 상황을 가지고 학급 회의를 하자고 제의할 경우도 있지만 그런 경우에도 모둠에서 가상으로 하도록 한다. 모둠에서 한 번 활동해 보고, 정리한 후 실제 학급 회의를 하면 더욱 좋은 의견을 매끄럽게 이야기 할 수 있으며, 수업 시간에 했던 것이 바로 현실로 연결되는 것이므로 앞으로 수업에 대한 참여도를 더 높일 수 있을 것이다.

모둠에서 시나리오가 완성되면, 모둠에서 역할을 나누어 시나리오를 보고 낭독해 보도록 한다. 시간은 10~15분 정도를 준다. 혼자서는 시나리오를 완성할 수 없지만 모둠에서 하면 잘할 수 있을 것이다. 만약 못 하고 가만히 앉아 있는 모둠이 있다면 교사가 개입을 해서 주제의 방향을 같이 정하면 그 이후 시나리오는 모둠원들이 할 수 있을 것이다.

활동 시간이 지나면 모둠을 풀고 공유하는데 서너 모둠 정도로 하고, 모든 모둠이 다 하겠다고 하면 다음 시간까지 발표를 시키면 된다. 시간이 걸리지만 학생들이 발표하겠다고 할 때 그 기회를 주어야 다음에도 적극적으로 발표하게 된다.

색종이를 통해 분배법칙을 이해하기 - 수학[6]

다음은 응곡중학교 이혜정 선생님이 2학년 수학 수업을 진행한 사례이다. 이 수업에서 제시된 점핑 과제는 158쪽에서 별도로 다룬다.

수학에서 어려운 것은 숫자와 문자 a, x, y와 같은 것이 책에 쓰여 있어 실생활에서 이런 것들이 어떤 의미를 갖는지 학생들이 생각하기 어렵고 이런 어려움이 아이들을 배움에서 멀어지게 한다. 이 수업에서는 분배법칙을 설명하지 않고 색종이로 직접 넓이를 더하고 빼면서 법칙을 학생들이 이해하게 하였다.

기쁨 곱하기, 사랑 나누기	분배법칙을 이용해 다항식을 계산해보자?!
☺응곡중학교☺	2학년 ___ 반 ___ 번 이름: ___________

☺ 빨간색과 파란색 색지를 받았나요?

1. 두 색종이의 넓이의 합은 얼마일까요?

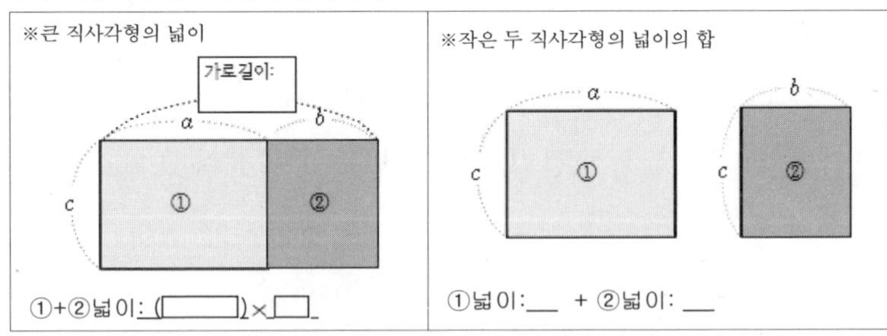

---

6. http://blog.eduhope.net/namu/?pid=2256

위에서 구한 큰 직사각형의 넓이와 작은 두 직사각형의 넓이의 합은 같은가요? 둘 사이의 관계를 등식으로 나타내어 봅시다.

2. 두 색종이의 넓이의 차는 얼마일까요? 두 색종이를 겹쳐놓았을 때, 보이는 빨간색 부분(빗금 친 부분)의 넓이는 얼마일까요?

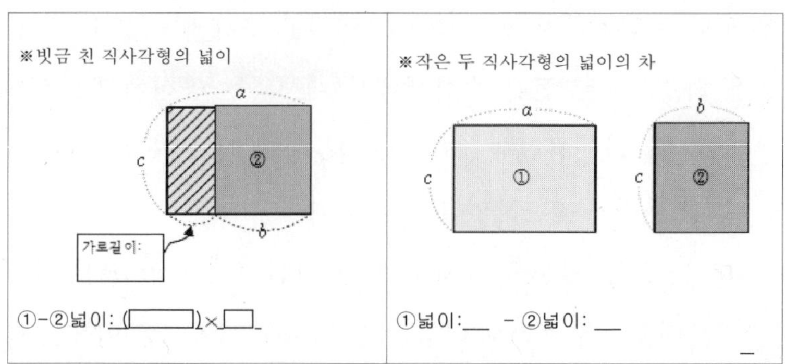

위에서 구한 빗금 친 직사각형의 넓이와 작은 두 직사각형의 넓이의 차는 같은가요? 둘 사이의 관계를 등식으로 나타내어 봅시다.

3. 분배법칙을 이용하여 곱셈과 나눗셈을 계산해 봅시다.

1) $(3x^2 - 12x + 9) \times (-\dfrac{2}{3}x)$	2) $(12x^2 - 9xy) \div (-3x) =$
3) $\dfrac{x^2y + (\quad) - 4xy^2}{-xy} = -x - 3xy + 4y$	4) $(4xy - 3y^2) \times 2x + (12x^2y^2 - 9xy^3) \div (-3y)$

한 변의 길이만 같은 직사각형 색종이 두 장을 주고, 두 넓이를 각각 구한 후 더하게 하고, 나란히 붙인 후 넓이를 구하게 하였다. 또한 큰 종이의 넓이에서 작은 종이를 넓이를 빼게 한 후 포갠 다음 겹쳐지지 않은 영역의 넓이를 구하게 하였다. 이 활동을 하면서 학생들은 수학책에서 제시하는 공식에서 a, b가 무엇인지를 터득하였다. a와 b가 실생활과 바로 직결된 문자라는 걸 알고 쉽게 접근하였다.

교사는 모둠 활동을 정확하게 잘 만들어내고 있었다. 학생들이 분배법칙을 스스로 터득할 수 있도록 색종이를 이용한 활동을 모둠 활동으로 제시하였으며 그 결과를 모둠을 풀고 함께 공유하였다.

또한 다항식의 나눗셈도 모둠에서 활동으로 하도록 하여 기초 학력이 낮은 학생도 친구들이 푸는 과정을 보면서 이해하도록 하였다. 교사는 학생들이 모둠 활동하는 것을 치밀하게 관찰하여 나눗셈을 각각의 모둠에서 세 가지 다른 방법으로 했다는 것을 파악했다. 그래서 전체 공유를 할 때 세 모둠의 학생들을 불러내어 서로 다른 세 가지 방법을 모두가 공유하도록 하였다. 이런 연결 짓기를 통해 학생들은 저마다 생각하는 가장 쉬운 방법으로 다항식의 곱셈과 나눗셈을 알아 갈 수 있었다.

대응 :
경청하기, 연결 짓기, 되돌리기

배움의 공동체 수업에서 교사의 역할은 '가르치기'가 아니다. 교사의 역할은 '경청'과 '연결 짓기', '되돌리기'로 크게 분류된다.

잘 배우는 사람은 잘 듣는 사람이다. 교사는 가르침의 전문가가 아니라 배움의 전문가가 되어야 한다. 그래야 학생들이 평생 배우는 태도를 기른다. 수업 속에서 교사는 오감을 깨워 학생들에게 경청을 해야 한다. 학생들이 활동을 하면서 중얼거리는 것, 상대방과 대화하는 것, 물어보는 것 등 귀로 들리는 말소리에서부터 귀로 들리지 않는 내면의 소리까지 다 들을 수

● 기술과정 수업 시간 모둠 활동 과정에 학생들과 대화하는 방순홍 선생님.
교사는 수업에서 학생들의 말과 행동을 경청하고 수업 주제를 가지고 계속 대화해야 한다.

있어야 한다.

입으로 소리 내 누구의 도움을 청하지 못하는 학생의 내면의 소리를 듣고 교사는 반응하여야 한다. 교사의 반응은 직접적인 도움일 수도 있고, 잘 해결하고 있는 친구와 연결지어주는 것일 수도 있다. 또는 교과서로 되돌아가서 다시 한 번 생각해 보고 해결할 수 있게 할 수도 있을 것이다. 이런 판단은 교사의 진지한 경청에서 나온다. 그 학생이 어떤 돌봄을 필요로 하는지에 대해 오감을 깨운 경청과 학생들과의 소통만이 교사의 경청을 이끌어 낼 수 있다.

그리고 교사의 경청 결과는 '연결 짓기'와 '되돌리기'에서 그 진가를 발휘하기도 한다. 잘 경청하는 교사가 있는 교실은 잘 경청하는 학생들이 있다. 학생들에게 경청을 바란다면 교사가 먼저 경청해야 한다. 학생들이 활동을 할 때 교사는 학생들에게서 눈을 떼면 안 된다. 학생들의 활동을 온 마음을 담아서 지켜보고 판단해야 거기에 맞는 행동을 실천할 수 있다. 이것이 교사의 경청이다.

실제 경험담을 통한 이미지 연결[7]

1학년 과학 '1. 분자운동에 의한 현상' 단원에서 '증발과 확산'을 주제로 한 수업이었다. 이 수업의 목표는 증발과 확산이 분자운동의 결과라는 것을 알고 증발과 확산이 잘 일어나는 조건에 대해 배워보는 것이었다.

교사는 수업을 시작할 때 본인이 향수를 엎지른 경험을 이야기하였다.

"내가 얼마 전에 실수로 향수병을 엎지른 적이 있었는데"라고 이야기를 시작하자, 학생들은

---

7. http://blog.cduhopo.not/namu/?pid=2132

"아! 냄새가 방 안에 가득 찼겠다."

"우리 엄마도 그런 적 있었는데 며칠 지나도 냄새가 방안에 계속 났어."

"향수는 엎지르면 금방 말라."

라고 반응하면서 수업 속으로 들어오기 시작했다. 교사가 향수를 엎지른 경험은 교과적인 설명을 하기 않아도 바로 학생들이 교재를 이해하고 받아들이도록 하였다. 그리고 빠른 속도로 수업에 참여하게 하였다. 책을 펴라거나 증발과 확산에 대한 구구절절한 설명 없이 바로 학생들이 머리에 그리듯 이해를 한 것이다. 생활 속의 일들을 교재와 연결하는 것이 학생들이 이해도 빠르고 수업 참여도 좋게 한다는 것을 보는 순간 깨달을 수 있었다. 또한 수업 시간에 배운 내용이 현실과 바로 연결되어 있다는 것을 학생들이 깨닫는 것은 학생들을 적극적으로 수업에 참여하게 하는데 중요한 의미가 있다.

물질에 따른 확산 속도가 다르다는 것을 이야기하는 실험 중 차가운 물과 더운 물이 담긴 각각에 잉크를 떨어뜨리고 확산 속도를 비교하도록 하였다. 온도가 다른 물이 놓여 있는 비커에 학생들은 스포이트로 잉크를 한 방울씩 떨어뜨렸다. 이 실험은 온도가 낮은 곳보다 높은 곳에서 확산 속도가 빠르다는 것을 알고 그 이유가 분자의 운동이 활발하기 때문이라는 것을 알게 하는 실험이었다.

그런데 서너 모둠에서 학생들이 찬물에서 잉크가 확산되는 시간과 더운 물에서 잉크가 확산되는 시간을 재고 있었다. 교사는 학생들의 활동 모습을 지켜보다, 전체를 향해

"시간은 잴 필요가 없어요. 어떤 온도에서 확산이 빠른가만 확인하면 되요."라고 정확하게 활동을 지시하였다. 그러자 서너 모둠에서 시간을 재던 학생들이 활동을 멈추고 잉크가 확산되는 모습을 지켜보았다. 적절한 되돌리기였다. 만약 그대로 두었더라면 몇몇의 학생들은 잉크의 확산보다는 시간만 보았을 것이다. 또한 교사의 되돌리기는 활동의 핵심을 다시 한 번 학생들에게 상기시키는 지시였다.

수업 주제 '물리량'이 한국도로공사와 만나다[8]

양평중학교 3학년 과학 2-2단원 '운동하는 물체는 일을 할 수 있다' 수업이었다. 교사는 이 단원에서 수업의 주제를 '자료 분석을 통해 운동에너지에 영향을 미치는 물리량 찾기'라고 설정하여 수업을 진행하였다.

---

8. http://blog.eduhope.net/namu/?pid=2140

마지막에 교사가 "4월 14일 한국도로공사 관계자와 직접 통화했는데, 경부, 중부, 중부내륙 및 서해안 고속도로 등의 최고 속도가 110km/h인데 서해안 고속도로는 120km/h로 상향조정하기 위한 여론 조사 중이라고 했다. 왜 과속이 위험한데 이런 여론을 조사 중일까?"라고 이야기를 하자, 학생들은 바로 술렁이기 시작했다.

"선생님이 직접 통화하셨어요?"

"이 수업을 하시려고요?"

"와~~~"

이러면서 학생들은 우리나라와 다른 나라의 고속도로에 대해 생각하고, 최고 속도를 법령으로 제한하는데도 교통사고 발생률이 세계 6위라는 점을 고민하기 시작했다. 그리고는 교사가 제시한, 과속을 방지하기 위한 방법에 대한 의견을 진지하게 나누기 시작했다. 수업에서 현실과 연결 짓는 활동이 학생들의 수업 참여 태도를 높이는 것뿐 아니라 수업이 곧 현실이라는 생각을 학생들이 갖게 한다는 것, 그것이 바로 배움과 현실의 연결임을 다시 한 번 깨달은 수업이었다.

자신의 경험을 주제와 연결 짓기[9]

우리나라에서 불교를 도입한 것을 이야기하며 기독교의 유입과 비교한 것은 참 좋았다. 역사가 단선적인 것이 아니라 여러 사건이 동시 다발일 수도 있고, 오래 전의 것이 지금 영향을 주기도 하며, 보이지 않는 연결 고리가 있다는 것을 생각하게 하는 도입이었다.

또한 그것으로 끝나지 않고 학생들에게 되돌려서 어떤 종교를 믿고 있는지 물어보는 것도 좋았다. 교사가 질문하자, 학생들은 "저는 기독교를 믿어요." 하는 학생들도 있었지만, 많은 학생들이 불교와 관련된 경험을 이야기했다.

"우리 엄마랑 절에 간 적이 있었다."

"수학여행에서 불국사에 갔다. 신라시대에 지어진 절이다."

이런 반응은 교사가 학생들에게 되돌리기를 했기에 나왔으며, 수업 주제와 직결되어 있어 바로 활동으로 들어가기 위한 징검다리 역할로도 좋았다.

아쉬운 점은 1모둠의 진일이가 "우리 작은 엄마가 절에 있는데…"라고 이야기를 시작했는데 교사가 듣지 못하고 수업과 연결하지 않았다. 진일이는 계속 그 이야기를 하고 싶어 하였다.

---

9. http://blog.eduhope.net/namu/?pid=2259

작은 엄마가 절에 어떤 독특한 연결이 있어보였고, 그것은 수업과 긴밀하게 연관이 될 수 있었을 텐데, 연결되지 못한 것이 안타까웠다.

궁금증 되돌리기[10]

장곡중학교 2학년 도덕과 수업 사례이다. 수업 내내 학생들의 경청이 뛰어나며 표현의 수준이 아주 훌륭했다. 학생들은 알고 있는 지식을 자신의 언어로 모두 설명하고 있었으며, 스스로 수업의 내용을 실생활과 연결 짓고 있었다.

"싸게 사는 것이 반드시 좋은 것은 아닐 수 있지 않아요?"라고 질문하는 아이는 이미 합리적인 소비와 윤리적인 소비를 이해했다는 것이다.

이런 질문을 함께 공유한 학생들은 수업을 시작하고 10분 정도 밖에 지나지 않았는데 바로 합리적이면서 윤리적인 소비를 할 수 있는 질문을 터트렸다. 명우가 "선생님, 직거래는 어떤 소비인가요?"라고 질문을 했는데 이것은 바로 이 수업의 주제인 합리적 소비와 윤리적 소비의 조화에 대한 질문이었다. 이

---

10. http://blog.eduhope.net/namu/?pid=2143

질문을 받은 교사는 준철이가 했던 말,

"생산자에게 생산의 대가를 정당하게 제공하는 게 윤리적인 소비다."를 연결시키자 바로 학생들은

"아, 그럼 직거래는 농사지은 사람들이 직접 소비자에게 파니까 합리적인 소비가 윤리적인 소비가 되는 거네."라고 했다. 바로 점프의 순간이었다. 그러면서 학생들은

"착한 커피는 윤리적인 소비에만 해당되는 것이다.", "공정무역은 커피에만 해당될까?" 하는 대화 속에서 주제를 스스로 넘어서기 시작하였다.

교사는 수업 내내 교과서를 설명하지 않고, 학생들의 발언을 경청하여 그것을 현실과 연결했다.

"정말 착한 커피가 윤리적인 소비에만 해당될까?"라고 다시 질문을 학생들에게 되돌리고,

"유기농이 비싼데 이것은 합리적인 소비도 아니고, 윤리적인 소비도 아닌가요?"라는 질문도 다시 되돌려서 학생들 전체가 생각하도록 하였다. 이런 연결 짓기와 되돌리기는 결국 학생들로부터

"유기농을 하면 환경이 파괴되지 않는다."

"건강에 좋다."

"결국은 환경을 파괴하지 않고, 건강에 좋다면 그것은 결과적

으로 합리적이면서 윤리적인 소비 아니냐."

"그렇다면 합리적인 소비와 윤리적인 소비는 밀접한 연관이 있다."라는 생각을 이끌어냈다.

그러면서 생산자에게 너무 낮은 비용을 지불하면서 기업은 아무런 손해도 보지 않고 오히려 막대한 이익을 챙기면서 생산 자에게 얻은 이윤으로 가격을 낮추는 기업에 대해서는 소비자 들이 불매운동을 벌여야 한다는 선아의 발언은 대단한 수준의 점프였다. 생산자가 결국에는 소비자이기 때문이라는 것이었 다. 교사는 이런 선아의 발언을 놓치지 않고 다시 되돌려서 학 생들에게 물었다. "여러분 선아의 말을 한 번 생각해 보세요. 그리고 불매운동에 대해서도 생각해 보세요." 학생들은 선아 에게 직접 묻기도 하고 옆 친구들과 이야기를 나누면서 선아의 생각을 이해하고 있었다. 그러자 교사는 다음 시간 '소비자 운 동'에서 한 번 생각해 보자고 제안하며 수업을 마쳤다. 교사가 가르치지 않아도, 경청하고 연결 짓기를 탁월하게 하는 것이 얼마나 학생들의 참여를 잘 이끌어내는지, 비판적 사고를 키우 는지, 스스로의 생각을 키워나가게 하는지를 본 수업이었다.

정답을 전달하지 않고 자연스럽게 되돌리기[11]

거진중학교 3학년 과학 수업 사례이다. 과학 수업에서 잘못된 대답을 하는 학생들을 틀렸다고 하지 않고 맞았다고 하자 많은 학생들이 머리를 갸우뚱하였다. 그러면서 "선생님 틀리지 않았어요?"라고 묻는 학생도 있었다. 그러자 교사는 "다시 한 번 생각해 볼래?"라고 틀린 대답을 한 학생에게 되돌렸고, 그 학생은 다시 모둠 속에서 이야기를 하면서 "아! 이걸 생각하지 못했어요. 고쳤어요."라고 대답하였다. 교사가 답을 말했더라면 그 학생은 답을 외웠겠지만 스스로 알지는 못했을 것이었다.

수업을 시작하면서 먼저 수업 내용을 설명하지 않고 검정 바둑돌과 흰 바둑돌, 그리고 A4 용지를 각 모둠에게 주고 원자배치를 해 보라고 하였다. 학생들은 주기율표를 찾기도 하면서 원자배치를 시도하였다. 시간이 걸릴 수도 있지만 과감하게 학생들에게 생각할 시간을 주자 학생들은 그 시간에 미지의 세계의 탐구하며 강렬한 집중을 하기 시작했고, 정말 모르기에 교사의 이야기에 귀를 기울였다.

수업을 시작하고 10여분 밖에 지나지 않은 순간, 준호가 옥텟규칙에 대한 설명을 할 때 부족한 부분을 영준이의 중얼거림

에서 포착하여 두 사람을 연결 짓자 교과서의 어려운 설명이 아주 쉽게 표현되었고 교실 안에 있는 모든 학생들을 이해시킬 수 있었는데 그것이 참 대단했다.

학생들이 모를 것 같은 순간, 배움이 멈칫하는 순간을 제때 파악하여 곧바로 교과서의 부분을 지적하고 보게 하였다. 활동으로 정한 문제 해결이 잘되지 않고 학생들이 이해하지 못하자 교사는 활동지와 교재에 없는 마그네슘과 염소의 결합을 다시 학생들에게 주면서 모둠 활동으로 되돌리기를 하였다. 공개 수업에서 활동지에 없던 활동을 주는 과감함과 그 활동을 하면서 학생들을 이해하게 만드는 수업의 기술은 그 동안의 경륜에서 우러나오는 것이리라. 임태호 선생님은 거진중학교의 교무부장이다. 이런 분이 수업을 공개하는 것도 존경하고 배울 수밖에 없는 이유이기도 하였다.

소인수 분해와 컴퓨터 프로그래밍 연결 짓기[12]

장곡중학교 1학년 학생들이 소인수분해를 공부하는 시간이었다. 교사가 소인수분해를 설명하면서 컴퓨터 프로그램 만들 때

---

12. http://blog.eduhope.net/namu/?pid=2254

를 연결 지었다. 수학과 컴퓨터는 별로 연결이 될 것 같지 않지
만 컴퓨터 프로그램을 만들 때는 2진법이 기본이다. 학생들은
소인수분해와 컴퓨터의 연결을 듣자 수업에 흥미를 나타냈으며
이런 연결과 설명은 학생들을 수업에 바로 끌어들이게 하였다.

약간 욕심을 부리자면 그것을 모둠의 과제 속으로 넣어서 '우
리 실생활에서 소인수 분해가 사용되는 것을 본 적 있는가?', '2
진법이 실생활에 사용되는 것은 어떤 것인가?'하는 것도 생각해
보도록 했으면 좋았을 것이란 생각이 들었다. 그럴 때 학생들에
게 과연 어떤 생각이 나왔을 것이며, 그 과정에서 수학과 실생
활을 학생들이 바로 연결하지 않았을까 하는 생각도 해 보았다.

도전적 과제

과학기술로 모든 사람이 착해진 세상은 괜찮을까?[13]

이 수업은 무안북중학교 2학년 도덕과 '2) 과학 기술은 가치중립적인가?'라는 단원의 2차시 수업이었다. 한 시간의 수업 동안 세 가지의 활동이 주어졌는데 마지막 세 번째 과제가 도전 과제였다.

교사는 학생들에게 과학 기술에 대한 두 가지 견해를 모둠에

---

13. http://blog.eduhope.net/namu/?pid=2176

서 토론하게 한 후 자신의 입장을 정리하게 하였다. 그리고 헉슬리가 그리는 『멋진 신세계』에서 '소마'라는 약을 먹고 무한의 쾌락을 누릴 것인가, 아니면 먹지 않고 인간의 감정을 그대로 느끼며 살 것인가에 대해 서로의 생각의 나누었다. 그 후 마지막으로 도전 과제인 "어느 가까운 미래에 유전 과학의 발달로 유전자 조작을 통해 태어날 때부터 모든 사람을 착하게 만들어 버렸습니다. 과학 기술로 모든 사람이 착해진 세상은 괜찮을까요?"라고 학생들에게 문제를 던졌다.

이 문제를 가지고 학생들은 헉슬리의 '신세계'와 비교하기도 하고, '소마'를 연결해 보기도 하면서 진지하게 모두가 착한 유전자를 타고난 사회에 대해 이야기하기 시작했다.

혁수는 돈이 많으면 좋은 세상이라 주장하던 아이였는데 이 문제에서는 "범죄를 저지르는 사람이 유전자가 나빠서 저지르는 것은 아니다. 그리고 착한 사람이라고 해서 범죄를 저지르지 않는 것은 아니다. 그러므로 모두 선한 유전자를 타고 나더라도 세상엔 범죄가 존재할 것이다."라고 하였다.

이런 반응에 대해 주혜는

"세상에 빛이 있는 건 그 반대편에 어둠이 있기 때문이다. 어둠이 없으면, 빛이 없다. 그러므로 선함과 선하지 않음은 서로가 존재하기 때문이다. 그런 사회라면 선함이 없는 것이나 마찬가지다.”라는 말을 하였다. 많은 학생들이 친구들이 하는 말을 경청하며 자신의 생각을 이야기했다. 학생들은 ‘도덕적’과 ‘비도덕적’이란 이분법을 떠나 현실과 연결해, 다시 자신의 가치관과 비교하고, 다시 그것을 전체 사회로 확장하면서 이야기를 하고 있었다.

“모두 착한 사람이라고 해서 사회에서 어떤 범죄가 안 일어날까?”

“우발적이라는 것도 있잖아.”

“교통질서를 아무도 어기지 않는다고 해서 도덕적인 것인가?” 등의 이야기가 오고가면서 학생들은 과학 기술의 발달이 사회의 도덕적인 측면에서 영향을 미치는 것이 아니라, 도덕적인 사고와 성찰이 과학 기술을 바르게 사용할 수 있는 것이라는 결론에 도달하였다. 교사가 가르치는 수업으로는 도달할 수 없는, 경구를 알려주는 정도에 그칠 수 있는 수업을 수준 높은 생각의 주제를 학생들에게 던져주어서 스스로 깨닫게 한 수업이었다.

다음은 이 수업을 동영상으로 보고 장곡중학교와 호평중학교 교사들이 했던 말이다.

“저는 마지막 점핑 과제에서 아이들 중 일부라도 유전자 조작으로 선한 사람을 만들면 좋다고 할 것이라 짐작했습니다.

그러나 놀랍게도 단 한 명도 그런 말을 하는 학생이 없었습니다. 아이들은 모두가 획일화되는 것에 대해 반대하고 있으며, 한 사람 한 사람의 존엄성을 인정하면서, 인간은 모두가 가치 있다는 생각을 하고 있다는 느낌을 받았습니다."

"점핑 문제는 정말 놀라웠습니다. 그리고 그것을 생각하고 토론하면서 아이들 입에서 나온 대답도 역시 놀라웠습니다. 아이들은 결국 과학 기술의 문제는 인간을 수동적으로 만드는 것임을 파악하고 있었던 것입니다. '소마'라고 대변되는 그것이 인간을 주체적인 존재가 아니라 과학 기술에 따라 움직이게 하는 것을 파악하고 그것을 거부하고 있었습니다. 이런 토론을 통해 내 삶을 주체적으로 살아야 한다고 결론을 내리는 것이 놀랍습니다."

"마지막 점핑 과제에서 아이들의 생각이 놀라웠습니다. 조금 아쉬운 점이 있다면 교사가 마지막으로 정리한 부분이었습니다. 여전히 멋진 수업이지만 허슬리의 『멋진 신세계』 부분을 과감하게 빼고 '유선사 조작으로 모두 착한 인간으로 만든 세상은 어떨까?'를 물었던 점핑만으로 시간을 더 주었으면 어떨까 생각해 보았습니다. 이미 학생들의 대화에서 점핑은 일어났고, 그 수업에서 아이들의 질 높은 생각을 끌어내고 공유하는, 이것이 가장 멋진 수업이지 않을까요?"

"점핑 과제를 해결하기 위해 아이들이 훌륭한 생각을 많이 했습니다. 시작할 때 아이들에게 5분 말하기를 하도록 했는데, 수업을 보면서 5분 말하기를 하지 않아도 되지 않나하는 생각이 들었습니다. 전체적으로 아이들이 말하기가 잘 되는데 굳이 5분 말하기를 하면서까지 아이들의 발언을 끌어내려고 노력할 필요가 있냐하는 의문이 난 것입니다. 오히려 점핑 토론에서 시간을 더 줬으면 아이들의 더 깊이 있는 이야기를 들을 수 있었을 텐데 하는 아쉬움이 남습니다."

분배법칙을 이용해서 직사각형의 넓이 구하기[14]

이것은 138쪽에 서술되어 있는, 응곡중학교 2학년 수학 수업에서 제시된 점핑 과제이다.

이 수업의 단원은 수학 2단원 '다항식의 곱셈과 나눗셈'이었다. 수업의 주제는 '분배법칙을 이용하여 단항식과 다항식의 곱셈과 나눗셈을 하는 것'이었다. 이 수업에서 교사는 학생들에게 색종이를 활용한 모둠 활동을 제시한 후에 수학 익힘책에 있는 문제를 함께 해결하게 했다. 그리고 학생들은 다항식의 나눗셈

---

14. http://blog.eduhope.net/namu/?pid=2256

을 모둠 활동에서 교사와 함께 논의하면서 분배법칙을 익혔다. 그리고 마지막 도전 과제로 제시된 것이 다음의 빗금 사각의 넓이를 구하는 것이었다.

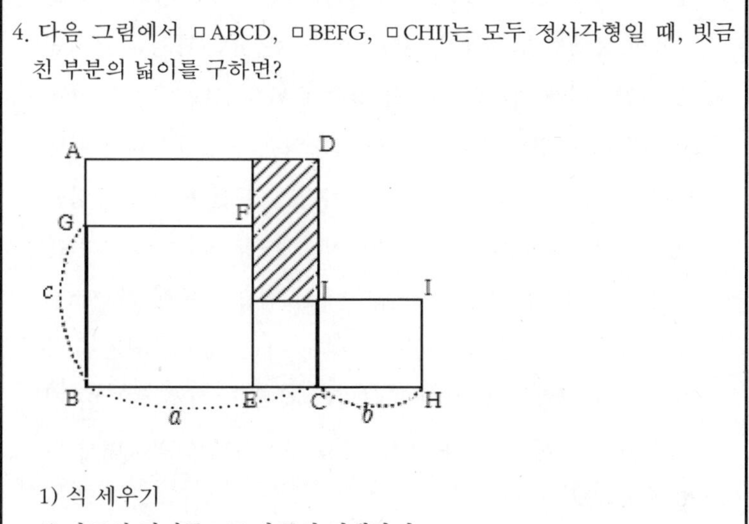

4. 다음 그림에서 □ABCD, □BEFG, □CHIJ는 모두 정사각형일 때, 빗금 친 부분의 넓이를 구하면?

1) 식 세우기
2) 가로의 길이를 X로 바꾸어 전개하기
3) X를 다시 원래 식으로 되돌려 전개하기

수업을 함께 참관한 안선영(장곡중학교 수학) 선생님은 대략 다음과 같이 평가했다.

다항식과 단항식의 분배법칙을 이용해 곱셈과 나눗셈을 연습한 후 점프 과제를 하는 것이다. 그런데 이 문제는 학생들이 그림을 분석해서 식을 세우는 것 자체가 쉽지 않다. 그래서 혼자 하기에는 벅찬 활동이다. 그러나 조금만 학생들이 머리를 맞대고 고민하면 식을 세울 수 있다. 이것이 1) 식 세우기 활동이다. 식 세우기까지 해결하고 2)번 문제에서 가로 길이를 X로 놓으면 오늘 수업 목표였던 다항식과 단항식을 이용한 분배법칙 문제가 된다. 학생들은 이런 과정을 거치면서 자연스럽게 치환의 개념을 접하게 된다. 그런데 3)을 하면서 X를 다시 원래 식으로 돌려도 다항식과 단항식의 분배법칙이 된다. 이것 또한 오늘 배운 수업 목표를 벗어나지 않는다. 하지만 결과는 다음 차시에 배울 다항식과 다항식의 분배법칙을 해결한 것이 된다. 본 차시 연습을 통해 자연스럽게 다음 시간과 연결이 되는 것이다. 이런 점프 문제는 교사의 수업에 대한 고민이 만들어내는 것이다. 학생들은 이 점프 문제를 통해 전시, 본차시, 다음 차시까지 연결하면서 수업에 참여하게 된다.

이 수업에서는 혼자서는 문제를 해석하기도 힘들어 하던 학생들이 함께 이야기하면서 문제를 이해하고 풀어가고 있었다. 모두가 협력해서 문제를 풀이하는 가운데 교사는 주춤거리고 있는 미연이와 5모둠을 지원하였다. 그리고 마지막으로 유진이에게 풀도록 하였는데 유진이가 식으로만 푼 것을 가지고 교사가 칠판에 그림을 그려줘서 학생 전체가 모두 이해하게 만들었다.

특히 수업의 마지막 순간 혜연이가 교사가 한 질문 (a-c)에 대한 정확한 답을 말한 것은 감동이었다. 혜연이는 2모둠의 가장 앞에 앉아서 수업 시간 내내 참여하지 못하는 학생이었다. 몰라서 참여가 불가능하였던 것으로 보이는데, 2모둠 학생들이 마지막 도전 문제의 의미를 놓고 옥신각신하는 과정을 지켜보다가 어느새 분배법칙을 이해하였던 것이다.

도전 문제의 가치는 바로 여기에 있다.

학력이 낮은 학생에게 흔히 쉬운 단계를 가르친 후에 높은 수준으로 올려야 한다고 많은 교사들이 생각한다. 그러나 실제로 수업 속에서 관찰을 해보면 학력이 낮은 학생은 아무리 쉬운 용어로 설명을 해도, 아무리 쉬운 문제를 주어도 해결하지 못한다. 아마도 의지가 없다는 것이 가장 큰 이유일 것이다. 그런데 학력이 낮은 학생은 친구들이 모둠에서 서로 논의하는 과정을 지켜보다가 '문득' 알게 되는 경우가 많다.

이 수업에서 혜연이는 다항식이라든가 단항식의 개념조차 이해하지 못했는데 4번 문제를 해석하기 위해 아웅다웅하던 친구들의 이야기를 듣다가 '아! 뭔지 모르지만 이 문제는 풀 수 있겠다.'로 발전한 것이었다. 이런 과정을 거쳐 교사가 한 마지막 질문에 답할 수 있는 수준이 되었던 것이다. 결과적으로 이 수업에서는 단 한 명의 학생도 수업에서 빠져나가지 않았으며 가

장 수업을 어려워하던 혜연이 마저 다항식의 분배법칙의 곱셈
과 나눗셈까지 다 할 수 있게 만든 수업이었다.

4장

활동지
제작과 활용

배움의 공동체 수업에서는 교사가 가르치지 않는다. 교사가 가르치는 대신 수업에서 학생들이 스스로 교과서를 찾고, 친구와 대화하면서 스스로 그날 배워야 할 내용을 찾아서 알도록 수업을 설계하고 진행한다. 그러므로 수업의 설계는 교과서를 학생이 자신의 의지로 뒤적거려서 알게 하도록 하고(대상과의 만남), 교과서 이해를 바탕으로 4명 모둠이 협력하여 수준 높은 과제를 해결하게 한다(점핑 과제를 통한 타인과의 만남). 이런 활동을 하도록 만드는 것이 활동지이다.

학생들은 활동지를 해결하는 과정에서 교재를 꼼꼼하게 읽고 해석하며(대상과의 대화), 교재에서 모르거나 이해하지 못하는 부분은 친구에게 묻는다(타인과의 대화). 이렇게 학생들이 교재를 보면서 생각하고(자신과의 대화), 모르는 것은 타인에게 묻고(타인과의 대화), 다시 한 번 자신이 이해한 말로 설명(표현과 공유)하는 과정을 거치면서 자신도 알고 교실 안에 있는 다른 친구들도 알게 되도록 교사는 수업을 설계하고 진행한다.

그래서 '배움의 공동체' 수업에서는 교사는 가르치지 않고, 학생들의 배움이 일어나도록 설계하고 진행하는데 그 과정을 교사는 활동지로 제작한다. 그러므로 활동지에는 '배움'이 세 가지 차원의 대화로 이루어지도록 제작된다.

교재와 만남

교재와 만난다는 것은 지식적인 차원으로 교과서를 만나는 것
이다. 이 활동은 학생들이 교과서를 읽고 이해하는 활동을 말
한다. 교과서를 읽는 활동을 통해 학생들은 교과서를 만나고
그 교과서에서 배운 지식을 가지고 세상을 연결시키면서 교제
를 더욱 더 깊이 있게 이해하게 되는 활동이다. 이때 교사는 학
생들이 교과의 지식을 알고 암기하는 데서 그치는 것이 아니라
그 시간에 배운 교과 지식으로 세상을 만나고 볼 수 있도록 수
업을 설계해야 한다.

교사가 수업에서 교과서에 실린 인지적인 지식만으로 수업을 진행할 경우, 학생들은 교실에서 이루어지는 배움을 현실과는 관련이 없는, 시험을 치르기 위한 지식으로 인식할 수 있다. 이럴 경우 시험을 중요하게 생각하지 않는 학생들은 수업에 몰입하기가 어렵고, 그렇지 않은 학생이라도 수업이 세상을 잘 살기 위해 준비하는 과정이라는 것을 모르고 수업에 참여하게 된다. 이렇게 되면 수업에 대한 흥미는 상당히 떨어진다.

또한 교사가 수업을 설계할 때 교과서 지식을 교사가 가르쳐서 학생이 아는 것이 아니라 학생이 스스로 활동을 하면서 교과서를 찾아보고 읽어보고 모르는 부분을 물어보는 과정을 통해 지식을 배울 수 있도록 활동지를 만들어야 한다. 이것이 교재와 만나는 것이고 대화하는 것이다. 그 과정에서 학생이 교사가 설계한 활동을 해결하지 못할 경우, '배움의 공동체'의 철학대로 친구나 교사에게 도움을 요청하게 된다.

다음은 한 시간의 수업에서 실패한 활동과 성공한 활동이 섞여 있는 활동지이다.

1. 교과서 102-103쪽을 읽고 다음 활동을 해 보자.

1) 글의 짜임이란?

2) 중심 문단과 뒷받침 문단의 연결 관계를 나타내는 접속어

　　비교 :

　　대조 :

　　예시 :

　　이유 제시 :

　　결과 제시 :

3) 글 전체에서 하는 단락의 기능

　　도입 :

　　전환 :

　　연결 :

　　상술 :

　　병렬 :

　　결말 :

4) 문단의 구성 - (　　　)의 위치에 따라

　　두괄식 :

　　미괄식 :

　　양괄식 :

　　중괄식 :

> 2. 논술 시험 대비 활동지를 읽은 후, 다음 활동을 해 보자.
>
> 1) '외모지상주의와 진정한 아름다움'에는 총 몇 개의 문단으로 이루어졌는지 활동지 표시를 해 보자.
>
> 2) 각 문단의 중심 문장에 밑줄을 그어 보자.
>
> 3) 중심 문장의 위치에 따라 각 문단의 구성 방식을 활동지에 메모해 보자.
>
> 4) 내용 구조도를 활동지의 뒷면에 그려보자.

어떤 활동이 성공했고, 어떤 활동이 실패했을까? 1번 활동은 실패하였고, 2번 활동은 성공하였다.

왜 1번 활동이 실패하였을까? 배움의 공동체 수업은 교사가 가르쳐서 학생들이 아는 수업이 아니다. 교사가 제시한 활동을 학생 스스로 책을 찾아서 알아가는 수업이다. 학생 혼자 알기 어려울 때는 주변에 있는 친구들에게 묻기도 하고, 사전도 찾아보고 하면서 스스로 그날 배워야 할 것을 알아가는 '자기주도적인 학습'이 바로 배움의 공동체 수업이다. 여기서 스스로 알

● 장곡중학교 국어 수업 모둠 활동 모습.
교재는 수업에서 학생들 활동의 탐구 대상이 된다.

아간다는 것은 단순히 교과서의 내용을 암기하거나, 공책에 정리하는 차원이 아니다. 스스로 생각하고, 이해하려고 노력하면서 그 속에서 알아가는 것을 배움이라고 한다.

여기에 바로 〈자료 4-1〉 1번 활동이 실패한 원인이 있있다. 1번 활동은 학생들에게 교과서 102~103쪽을 읽은 후에 하라고 했기 때문에, 모둠으로 만들었을 때 교사의 의도와 달리 교과서에 있는 것을 그대로 베껴 쓰기만 하였다. 서로 이야기를 하면서 알아가지도 않았고, 교과서에 있는 내용을 생각하지 않고 그대로 옮겨 쓰기만 했기 때문에 실제로 그 내용을 이해한 것이 아니었다. 그리고 교사가 물었을 때 교과서에 나와 있는 표현 그대로 앵무새처럼 말했을 뿐이었다. 이것은 '배움'이 아니라 단순한 지식의 암기일 뿐이다. 교사가 설명하고 칠판에 정리한 것을 베껴 쓴 것과 다를 바 없는 활동이었다.

교재를 어떻게 이용할 것인가 조금 더 이해하기 위해〈자료 4-1〉1번과 동일한 형태의 과제를 제시하는 다음 활동지〈자료 4-2〉를 보자.

여기서 활동 2번은 앞에서 〈자료 4-1〉 1번처럼 용어의 개념을 가르치려는 의도에서 만들어진 것이다. 그러나 앞에서 예를 든 〈자료 4-1〉 1번 활동처럼 실패하지 않았다. 이 활동지를 받았을 때 학생들은 깊이 고민했다. 학생들은 고민을 해도 과제를 해결할 수 없었기 때문에 친구와 적극적인 대화를 시도했다. 학생들은 자신이 가진 모든 경험과 지식을 동원하여 문제를 해결하면서 어려운 회의 용어를 결국 이해했다.

많은 국어 교사들이 회의 용어에 관한 수업을 진행할 때 학생들에게 회의 용어의 개념을 설명한다. 이 용어들은 한자어(漢字語)이고 일상생활에서 자주 접할 수 없기 때문에 교사들은 용어의 개념을 설명하기 위해 설명 과정에 많은 예를 들기도 한다. 그렇지만 아무리 설명해도 학생들은 이해하지 못하고 결

〈자료 4-2〉

국어 1학년 1학기	반	번호		이름	
대단원 : 2. 생각을 나누고 의견을 모으고				소단원 : (1) 열세 동무	

※ '열세 동무'를 읽고 다음 활동을 해 보자.

활동1 내용을 정리해 보자.

① 왜 이런 논의를 했을까?

② 누가 했을까?

③ 무슨 내용으로 했을까?

④ 결론은 무엇일까?

⑤ 어떤 과정을 거쳐 했을까?

활동2 다음 용어를 정리해 보자.

정족수:

의제:

동의(動議):

동의(同議):

재청:

제의:

개의(改議):

질의:

이의:

재적수:

가부:

표결:

과반수:

의결:

국은 암기하게 된다. 그러나 학생들은 그렇게 암기한 것을 시험 이전에 잊기도 하고, 시험을 보면서 암기했던 것을 떠올리지 못하기도 하고, 시험이 끝나면 완전 백지 상태로 잊어버리고 만다.

그런데 이 활동 과제가 제시되었을 때 학생들의 반응은 달랐다. 교사는 일단 교과서를 보게 되면 학생들이 교과서에서 설명된 표현을 그대로 베껴 쓸까 봐 교과서를 못 보게 하고 그냥 활동지를 주고 생각해 보게 하였다. 학생들은 교사가 교과서를 펴지 말고 모둠 친구들과 함께 생각해서 용어의 의미를 찾아내라고 했다. 그러자 놀랍게도 학생들은 문제 차례대로 해결하지 않고 자신들이 해결할 수 있는 문제부터 해결하기 시작했다. 교사가 가르칠 때에는 전혀 몰랐던 사실이었다.

학생들은 나에게 가장 먼저 물었던 말이

"선생님, 이 '재적'이 그 '재적'이에요?"였다.

'이 재적이 그 재적?'

교사라면 이 질문이 무엇을 뜻하는 것인지 알 것이다. 회의 용어 중에서 학생들에게 가장 익숙한 것이 '재적'이었다. '재적'이란 용어는, 시험 시간 교실 칠판에 적힌 다음과 같은 표현으로 자주 접하던 단어였다.

재적: 40, 응시: 39, 결시: 1, 결번: 23번(병결).

수업 시간에 만난 '재적'이 시험 시간에 만나는 '재적'과 같은 것인지 궁금하였던 것이다. 이 질문을 받은 나는 잠시 어리둥절했지만 이내 그 의미를 파악했다. 그리고 생각해 보았다.

'이 재적'이 '그 재적'인가?

그랬더니 놀랍게도 '이 재적'이 '그 재적'이었다. '재적'의 사전적 해석은 '회원의 명부이다.' 그렇다면 '이 재적'은 시험 시간에 만나는 '재적'과 같은 의미이다. 왜냐하면 회원들의 총 숫자나 학급의 총원은 같은 것이니까. 그래서 나는

"응, '이 재적'이 '그 재적'이야."라고 말했다.

그리고 나서 다시 학생들에게 질문을 했다.

"그런데 이 세상에는 학급 회의만 존재할까? 조기축구에서도 회의를 하고, 반상회도 하는데 회의 용어에서 재적이 학급의 총 인원만 말할까?"

그랬더니 학생들은 놀라운 대답을 했다.

"그래도 마찬가지예요. 이쨌든 명부에 있는 총인원을 말하는 기니까요."

그러면서 학생들은 활동지 '재적'에 '전체 인원'이라고 적고 있었다. 이렇게 하면서 '재적'을 해결한 학생들은 '정족수'를 '참여를 해야 회의가 열리는 아이들 수'라고 정의를 내리고 나머지 용어들도 자신들의 경험에서 끌어내서 이해하고 있었다. 학생

들이 어법에는 맞지 않지만 회의 용어에 대해 이해한 대로 표현한 말들을 적어가는 것은 학생들이 회의 용어를 정확하게 이해한다는 것을 교사에게 보여주는 순간이었다.

이 활동을 마친 후 나는 학생들에게 모둠에서 이해한 회의 용어와 교과서에 설명이 된 회의 용어를 비교하라고 하였다. 그러자 학생들은 교과서를 펴 보더니 "선생님, 우리가 한 것하고 표현은 다르지만 똑같은 뜻이에요."라고 대답을 했다.

교과서에 어렵게 설명된 회의 용어와 자신들이 이해하여 활동지에 적은 어법에 맞지 않은 설명이 똑같다 뜻이라고 말하는 것은 학생들이 회의 용어의 의미를 정확하게 이해할 때 가능하다. 학생들이 단어의 개념을 이해하도록 하기 위해 동일한 활동 과제가 제시되는 수업에서도 학생들이 교재와 만나는 과정을 교사가 어떻게 세부적으로 제시하느냐에 따라 이렇게 다른 결과가 나올 수 있다.

그런 측면에서 〈자료 4-1〉 활동지의 2번 활동을 보자. 2번 활동을 제시해서 학생들에게 모둠을 만들어 해결하라고 했을 때 학생들은 모둠 안에서 서로의 생각을 나누며 문제를 풀어갔다.

학생들은 '외모지상주의와 진정한 아름다움'이란 한 편의 논술을 읽고, 먼저 단락을 표시하기 시작했다. 모둠에서 단락이 4개인지, 5개인지, 6개인지 서로 생각한 단락의 구분을 이야기하며, 단락의 개념을 이해하지 못했던 학생들은 눈으로 단락의 구분을 보면서 단락이 어떤 것인지 알아갔고, 단락의 개념을 알고 있던 학생들은 모둠 안에서 친구들과 대화하면서 자신의 생각을 표현하고 확인하는 과정을 통해 단락이란 무엇인지를 구체적으로 다시 확인해갔다.

그리고 학생들은 단락에서 중심 문장이라고 생각한 문장에 밑줄을 그으면서 자신이 밑줄을 그은 문장과 친구들이 그은 중심 문장이라고 생각해서 밑줄을 그은 문장을 비교했다. 중심 문장으로 선택한 문장이 서로 다르면, '누구의 것이 맞을까?' 생각하면서 단락에서 중심 문장을 찾는 법을 서로 이야기하며 그것을 알아갔다.

이렇게 해서 내용 구조도를 그리면서 한 편의 글을 읽고 글의 구조를 아는 것이 글을 이해하는데 실제로 큰 도움이 된다는 것을 스스로 체험할 수 있었다. 그리고 이 경험은 나중에 어떤 글이라도 구조적으로 분석하면 잘 이해할 수 있다는 것을 깨닫게 했으며 글을 분석하는 법도 알게 되었다.

이처럼 학생들이 문제 해결을 위한 탐구를 위해 교재를 활용하고 그것을 스스로 해석하는 과정이 교재와의 만남이다. 교사는 이러한 과정이 자연스럽게 진행될 수 있도록 과제를 제시해야 하며 수업을 그러한 과제로 디자인할 때 활동을 통해 수업

의 목표에 도달할 수 있는 제대로 된 활동지를 만들 수 있을 것
이다.

타인과 만남

두 번째로 과제를 해결하는 가운데 친구와 대화하면서 배울 수 있도록 활동지를 제작해야 한다. 학생들이 활동을 하며 모둠의 다른 친구들과 이야기를 나누면서 배우도록 과제를 만들고 수업을 진행해야 한다. 그래서 '배움의 공동체' 수업은 반드시 모둠 활동이 수업 설계에 들어오게 된다. 교실은 친구들과 서로 협력을 하며 배우는 장소로서, 차이가 나는 친구들과 협력을 하며 그 차이에서 배울 수 있도록 만들어야 한다.

학생들은 모둠의 다른 사람과 의사소통을 하면서 서로 서로

● 장곡중학교 수업 모둠 활동에서 학생들이 서로 의견을 나누는 모습.
수업에서 학생들이 서로 관계를 맺고 협력하는 방법을 배우도록 모둠 활동이 구성된다.

가 다르다는 것을 인정하고, 그 다름 속에서 함께 공부하면서 배운다. 서로 다른 사람들이 타인과 협력하면서 문제를 해결해야 할 때 무엇보다 먼저 배워야 할 것은 '경청'이다. 학생들은 다른 친구들이 말하는 내용과 의미를 잘 듣는 과정에서 생각하고 자신의 지식과 논리를 발전시키게 된다. 다른 친구들의 말은 듣지 않고 자신의 말만 떠들게 되면 이러한 발전 과정을 이루지 못하게 된다. 그래서 교실 안을 서로의 말을 들어주는 관계로 만들어야 한다. 교사가 학생의 말을 듣고, 학생이 교사의 말을 듣고, 학생이 서로 다른 학생의 말을 귀 기울여 듣도록 만들어야 한다.

모둠 학습은 학생들에게 평등함을 터득하게 한다. 기초적인 지식 학습에서는 잘하는 학생들이 도움을 주겠지만, 수준 높은 문제에서는 다함께 협력하게 된다. 학원에서조차 배운 적 없는 과제를 받았을 때, 잘하는 학생들도 '어떻게 하지?' 하면서 함께 머리를 맞대고 대화를 나누는 가운데 네 명 중 누군가가 아주 작은 실마리라도 되는 말을 하면 그 실마리에서 생각이 시작되고, 그것을 서로 대화하면서 공유하게 되면 서로의 생각이 확산되고, 그리하여 어려운 과제를 함께 풀어가면서 한 모둠 안의 학생들은 서로 서로 기대게 된다. 이렇게 서로에게 의존하면서 누군가 한 사람이 생각해낸 힌트를 통해 모둠 구성원들 모두가 자신들 앞에 놓인 공동의 과제를 해결해가는 것이다. 매시간 협력을 통해 문제를 해결하면서 학생들은 교과서 지식을 바탕으로 그것을 응용한 문제, 또는 그것을 뛰어넘는 수준 높은 문제 해결을 경험한다. 이러한 경험을 통해 단순히 지식을 반복적으로 암기하는 것을 벗어나 과제 해결력을 키울 수 있게 된다. 이것은 바로 자기주도 학습의 바탕이 된다.

다음은 3학년 국어 '품사'를 학습하는 활동 과제이다. 다른 활동지와 별다른 차이가 없는 것처럼 보이지만 미묘한 차이가 있다. 낱말을 제시하고 그 옆에 품사를 적도록 요구하는 것이 일

반적인 활동지라면, 이 활동지는 낱말의 품사를 적고 그 오른
쪽에 그 낱말의 품사에 대해 그렇게 생각한 이유를 서술하도록
요구하고 있다. 사소하게 보일지 모르지만, 이처럼 미묘한 차
이가 바로 학생들의 활동에 큰 차이를 만들어내는 기회를 제공
하게 된다.

1. 다음 낱말들의 품사를 말해 보자.		
낱말	품사	품사를 그렇게 생각한 이유
달리다	동사	용언으로서 동작을 나타내고 '-(으)ㄴ다'를 붙여 '달린다'로 활용 가능하므로 동사
애그머니		
셋째		
뜨겁다		
거기		
특히		
헌		
쿵쿵		
제주도		
부터		
옛		

  학생들은 단순히 어떤 한 낱말의 품사만 적을 수 없다. 그 낱말의 품사에 대해 그렇게 판단한 이유를 함께 적어야 한다. 낱말을 분석하고 그 품사를 분류하는, 매우 논리적이고 개념적인 생각을 문장으로 표현해야 하는 것이다. 이것은 과제를 완수하는 것 자체가 품사만 적는 것보다 훨씬 더 복잡한 과제이다. 그래서 학생들은 그렇게 생각한 이유를 모둠에서 함께 이야기할 수밖에 없다. 학생들이 활동지에 제시된 과제를 완수하기 위해서는 모둠에서 다른 친구들의 생각을 서로 진지하게 경청하고 자신의 생각을 말하면서 서로 대화하는 과정이 반드시 필요한 것이다. 학생들은 서로의 생각을 비교하고 그러한 비교에서 발견한 차이가 어떤 근거에서 비롯된 것인가를 찾아가게 된다. 이러한 과정에서 자신이 잘못 생각한 부분을 깨닫고 그것을 바로잡게 된다.

  이처럼 문제 해결을 위해 다른 학생들과의 협력이 반드시 필요하기 때문에 학생들 각자가 모둠 활동을 자연스럽게 생각하고 만들어가도록 수업을 디자인히는 것이 활동지 제작의 기본 요소가 되어야 할 것이다.

자신의 언어로 이해하기

표현과 공유는 흔히 하는 말로 발표이다. 그런데 발표를 표현이라고 하는 이유는 학생들이 교사들이 묻는 질문에 답을 할 때 교과서에 있는 교과적인 지식의 언어로 말하게 하지 않고, 자신이 이해한, 자신의 체험과 배경지식으로 해석한 자신의 언어로 말하도록 하기 때문에 표현이라고 한다.

학생이 책에 있는 말을 그대로 말하는 것은 모르는 것이다. 정말로 책의 내용을 이해했다면 자신이 이해한 자신의 말로 설명할 수 있어야 한다. 그리고 이렇게 표현된 말은 이해하지 못

● 장곡중학교 영어 수업에서 모둠 형태로 학습하는 학생들.
자신의 경험과 논리를 이해하고 자신의 언어로 표현할 수 있어야 한다.

한 다른 친구들의 이해를 돕는다. 교사가 설명하는 교과적인
지식은 교과서적일 수밖에 없다. 그러나 학생이 자신의 체험이
나 배경지식으로 해석하고 이해한 말은 같은 또래의 친구들을
이해시키기에 적합하다. 그래서 교사가 설명하는 것보다 훨씬

더 학생들을 이해시키기 쉽다. 내가 이해한 것을 친구들과 나누기 때문에 그것을 공유라고 한다.

예를 들면, 국어 시간에 소설을 배우다 보면 '내면적인 갈등'이라는 용어가 나오는데, 이 용어의 의미는 '한 인간의 내면에서 일어나는 갈등을 내면적인 갈등'이라고 한다는 말은 교과적인 지식일 뿐이다. 교과서에 있는 이 문장을 읽고 잘 이해하는 학생은 별로 없다. 그러나 친구들이

"자장면 먹을까, 짬뽕 먹을까 생각하는 것이 내면적인 갈등이야."

라고 말하는 이야기를 들으며 이해하지 못하는 학생은 거의 없다.

〈자료 4-3〉은 1학년 영어 수업 활동지이다. 영어는 학생들의 수준 차이가 많이 나서 함께 수업하기에 어렵다고 호소하는 교사들이 많다. 그러나 이 활동에서는 서로 다른 수준의 차이가 협력을 만들어내어 활동을 완성하게 만든다.

한 모둠에서 활동을 하면서 수준이 높은 친구들은 밑줄 그은 단어의 뜻을 추측하겠지만 1학년 수준에서 문장까지 만들어내기는 쉽지 않다. 그런데 수준이 낮은 학생들은 뜻을 처음부터 추측하기 어렵기 때문에 사전에서 그 단어를 찾게 되고 찾아낸 단어 풀이에서 적당한 뜻과 그 옆에 쓰여 있는 문장의 해석을

수준이 높은 친구들이 하게 된다. 그런 협력을 통해서 한 모둠의 모든 학생들이 이 활동을 수행하게 된다. 수준이 낮은 친구는 문장까지는 이해하지 못할지라도 적어도 단어를 찾는 과정에서 단어의 뜻은 알게 된다.

〈자료 4-3〉

Jump jump!

1. Guess what the underlined words mean

2. Look them up in the dictionary.

3. Write down their meanings.

4. Make sentences using the words.

	Guess	Dictionary	Sentence
① My cousin ate a <u>fly</u> at the party.			
② Penguins can't <u>fly</u>.			
③ This math problem is <u>easy</u>.			
④ Take it <u>easy</u>.			
⑤ She was waiting for her <u>turn</u>.			
⑥ Don't <u>turn</u> right here.			

	Fly	easy	turn
meaning 1			
meaning 2			
etc			

음악의 경우도 마찬가지다. 다음 부분을 어떻게 불러야할지 함께 모둠에서 토의하는 과정에서 거기에 나오는 각종 음악적 기호를 해석하게 되고 모르면 교과서를 함께 찾아서 알아낸 후 그 해석에 따라 함께 불러보면서 기호의 의미를 깨닫게 된다. 그리고 모둠에서 해석된 기호와 음정에 따라 분위기를 잘 살려 함께 노래를 부르는 과정에서 몰랐던 음표와 기호가 분위기 있는 노래로 표현이 된다.

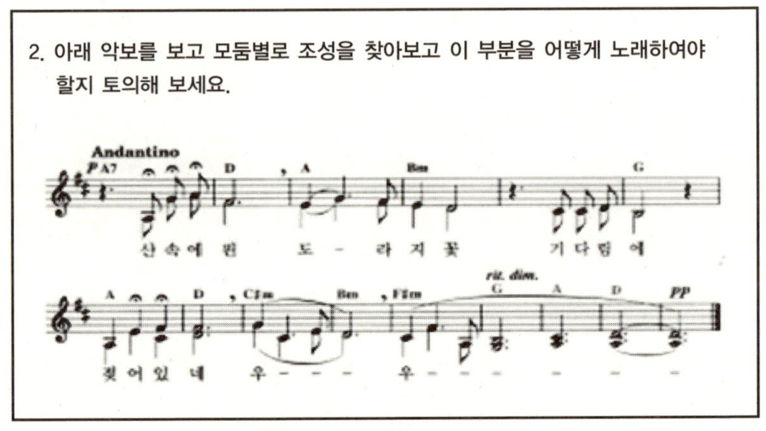

결국 교과 지식을 이해하는 과정은 학생이 자신의 체험을 이용하여 교과의 지식을 해독하는 것이다. 그러므로 학생은 자신이 이해하게 된 교과 지식을 자신의 언어로 표현하는 과정을 통해 자신이 이해한 내용을 다시 한 번 점검하게 되고, 그 표현을 들은 다른 학생들은 자신이 이해한 방식과 비교하여 자신이

이해한 방식의 범위를 넓히게 된다. 이때 교과 지식을 이해하지 못한 학생들은 친구들의 체험과 연결해서 이해하는 방식을 통해 친구의 표현을 듣고 이해하지 못했던 것을 결국 이해하게 된다. 이것을 통해 다시 공부를 어떻게 해야 하는가에 대한 방식도 배우게 된다.

수준 높은 과제의 경우도 혼자 해결하지 못하는 문제를 함께 이야기를 나누면서 힌트를 얻게 되고, 그 힌트는 다시 학생 개개인의 사고를 자극하게 되어 다양한 사고의 확산으로 이어져 혼자서는 해결하지 못하는 문제를 4인의 협력으로 해결할 수 있게 된다. 이런 과정을 거치면서 학생들은 교과적인 지식을 활용하여 더 수준 높은 과제를 해결하는 방법을 익히게 되며, 21세기 교육의 화두인 다양한 집단을 설득할 수 있는 능력, 집단 지성을 발휘할 수 있는 능력까지 키워질 수 있을 것이다.

5장

수업 혁신
도전과 과제

작년에 장곡중학교로 발령을 받았을 때 처음에 저는 무척 난감했습니다. 그런데 지금 생각해보니 운이 참 좋았던 것 같습니다. 장곡중학교에 온 뒤로 '배움의 공동체'에 대해 학습하면서 다른 교과들의 수업 모습은 볼 수 있었지만, 정작 제가 맡고 있는 음악 수업은 접할 수 없었습니다. 그래서 연수나 수업 연구 회의에 참석할 때 질문을 많이 했습니다. 그러면, 선배 교사들이나 수업 컨설팅을 위해 오신 분은,

"특별한 게 없으니 하던 대로 하세요."

라고 답변하셨습니다. 그런데, 막상 음악 수업에 배움의 공동체를 적용하려고 하니까 문제가 있었습니다.

'음악실 수업에서도 교실 수업처럼 모둠을 만들어야 하나?'

라는 것이 가장 큰 문제였습니다. 그래도 배움의 공동체 수업을 해야 하니까 일단 교실 수업처럼 모둠으로 자리 배치를 했습니다. 그렇게 해 놓고 나니 1학기 적응이 참 힘들었습니다.

그런데 2학기에는 '해 보니 별 것 아니다.'는 생각이 들었습니다. 음악 수업에는 배움의 공동체 방식을 적용하기 이전에도 이미 배움의 공동체를 적용하는 부분이 있었습니다. 단지 그게 배움의 공동체인 줄 몰랐던 것뿐입니다. 음악 교과는 시험 성적과도 관련이 멀고 교사 한 명이 전담하게 됩니다. 그러니 수업에서 아이들 스스로 할 수 있도록 아이들을 즐겁게 만들어주

면 되는 것이었습니다. 그렇게 하다 보니 저 스스로가 즐거웠습니다.

수업 시간에 아이들에게 음정을 설명하면 못 알아듣는 경우가 많았습니다. 보통 4~5번 설명해야 겨우 알아듣는데, 배움의 공동체 수업 방식에서는 모둠마다 교사의 설명을 쉽게 이해하는 아이들이 한두 명씩 있어, 그런 아이들이 다른 아이들과 대화하면서 그것을 서로가 공유하는 모습을 보았습니다. 그래서 교사로서 저는 수업을 진행하는 것이 쉽고 좋았습니다. 시와 연계해서 하는 과제를 주고나면 수업이 한 판의 쇼가 되었습니다. 즐거웠습니다. 지금 생각해 보면 장곡중학교에 온 것이 교사로서 제 인생의 터닝 포인트가 되었습니다.

참 운이 좋았습니다.[1]

---

1. 2011년부터 장곡중학교에서 함께하고 있는 음악 선생님이 수업 연구 회의에서 했던 말이다.
http://blog.eduhope.net/namu/?pid=2240

왜 '배움의 공동체' 수업이었는가?

많은 다른 어른들처럼 교사들도 교실에서 수업과 거리가 먼 행동을 보이는 학생들을 '문제가 있다'는 시각으로 본다.

이러한 모습은 일차적으로 교사가 '자신의 수업'을 진행하는 것을 어렵게 만들기 때문이다. 어떤 교사들은 아이들의 성적을 끌어올리기 위해 가장 권위적인 방법을 사용한다. 윽박을 지르고, 소리를 지르고, 면박을 준다. 그러나 이러한 행동은 교사에게 오히려 스트레스만 줄 뿐이다. 그래서 교사들은 보통 공부 못하는 아이들이 떠들고 소란을 피우지 못하도록 만들어두는

● 장곡중학교 영어 공개 수업을 참관하고 있는 사토 마나부 교수.
배움의 공동체 수업은 교사들의 동료성과 학생들의 호혜적 배움을 바탕으로 한다.

것으로 다협을 본다. 그린데 2차적으로 이런 상황은 무엇보다 아이들에게 문제가 된다. 수업 시간에 아무것도 못하고 가만히 앉아 있는 것은 사실상 학교가 그런 학생들에게 '감옥' 같은 역할을 하는 것이다. 그것도 이제 자아로서 자기 정체성을 갖추어나가는 10대 청소년 학생들은 이런 상황을 거의 참을 수가 없다. 그래서 대한민국 학교의 수업은 지식을 효과적으로 전달해서 학생들의 성적을 올려야만 자신의 능력을 인정받는다고 생각하는 교사와 자신에게 아무런 의미 없는 시간을 요구하는 학교 수업을 고문처럼 느끼는 아이들 사이에 심리적 혈전이 벌어지는 전쟁터가 되어 버렸다.

3차적으로 이것은 공부를 잘하는 아이들에게도 문제가 된다. 심리적 전쟁이 벌어지는 현장에 있는 공부 잘하는 아이들도 그 파편이 언제 자기에게 날아올지 몰라 계속 긴장하고 있어야만 할 뿐만 아니라 실제로 그런 파편에 맞아 심리적으로 육체적으로 고통을 겪는다.

사토 마나부 교수에게 관심을 갖게 된 것은 이처럼 무의미하고 무관심하고 적대와 긴장만이 팽팽히 흐르는 학교 수업에 무엇인가 개선책이 시급하다는 판단 때문이었다. 사회적인 문제로까지 거론되고 있는 학교 안에서 집단 괴롭힘과 따돌림, 그리고 폭력은 이런 문제들을 개선하지 않고는 해결할 수 없다. 무의미, 무관심, 적대, 긴장만이 있는 곳에서 조그마한 갈등 요소도 폭력적인 행동으로 나타나는 것은 너무나 당연하다.

이것은 우리와 유사한 상황을 겪었고 지금도 그런 문제들을 해결하기 위해 노력하고 있는 일본과 많이 닮아 있었는데 가깝다는 지리적 조건 덕분에 일본에서 사토 마나부 교수가 벌이고

있는 운동은 나와 동료 교사들에게 더할 나위 없이 좋은 참고
가 될 수 있었다.

여러 논의를 거쳐 학교 차원에서 사토 마나부 교수가 제시하
는 수업 바꾸기의 주요 형태들을 장곡중학교에 적용했는데, 그
것은 우리가 가장 고통스럽게 생각했던 점들을 해결하는 지침
이 되어주었다.

무엇이 어떻게
도움이 되었는가?

가장 중요한 도움은 교실 수업에 팽배했던 무관심과 적대적 긴장감을 해소하는 기회를 제공해줬다는 것이다.

대한민국에서 교사와 어른들이 학교 수업에 대해 가지고 있던 가장 잘못된 편견은 수업이란 것이 교사가 학생들을 가르치는 일이라고 이해되었던 것이다. 학생의 욕구나 배우려는 자발성을 끊임없이 강조하는 방침이나 공문, 지적들이 계속되어온 것은 사실이지만, 그러한 주장들도 사실 똑같은 생각을 다른 말로 바꾼 것일 뿐이었다. 학생은 교사가 가르치는 대로 배우는 것이라는 생각은 변함이 없었다. 어린이와 청소년은 세상을 모르는 철없는 애들일 뿐이고 그래서 자기들 멋대로 하고 싶은 대로 하고 싶어 하고 사회에 대해 아무런 책임감도 느끼지 못하기 때문에 세상 사는 법을 어른인 교사들이 나서서 가르쳐줘야 한다는 것이다. 다른 것이 있다면, 학생이 교사의 말에 집중하도록 교사가 다양한 수업 기교, 즉 상황에 따라 아이들이 따분하고 지루하게 느끼는 부분은 재밌는 이야기를 섞어 이야기하고, 엄하고 공격적인 말로 아이들을 다스리고, 교사의 지시를 따르지 않는 학생은 면박을 주어 창피하게 만들고, 교사의 지시를 잘 따르는 아이들에게는 아낌없는 칭찬으로 보상해줌으로써, 수업을 통제하는 교사의 개인 능력을 강조했다는 것뿐이다.

그러나 이것은 교사에게 교과 지식을 전달하는 것과도 전혀 관련이 없는 활동과 능력을 요구하는 것이다. 전문적인 개그맨들도 한 시간 동안 관객을 계속 웃기는 것은 불가능할 뿐만 아니라 그것을 위해 일주일 내내 해야 하는 일을 매일 같이 교사가 준비하는 것이 어떻게 가능한가? 그렇게 천사와 악마 사이를 왔다갔다하면서 심판자 역할을 하는 교사가 어떻게 그것을 심리적으로 감당할 수 있는가? 그리고 그런 수업 과정에서 정작 학생들이 교과와 관련된 학습을 지도해야 하는 교사의 시간이 줄어든다면, 어떻게 수업에서 활동이 계속 유지될 수 있는가? 한 마디로 말해서 불가능하다.

수업을 교사가 학생들과 함께 만들어간다는 것은 교사가 지시하고 가르치는 대로 학생들이 배우게 되는 것은 아니라는 것을 의미한다. 이런 관점에서 보면, 이제 수업에서 교사가 학생 개개인의 여러 상태와 조건을 무시하고 교과 지식을 가르치려고 노력하는 것 자체가 시간 낭비에 가까운 것이다. 그러면 학생 개인에게 맞춘 학습이 진행되도록 하려면, 결국 과외나 사교육에 의존해야 하는가? 여기에 대해서는 우선 민주적인 공동체로서 우리 사회를 유지하고 발전시킨다는 관점에서 그러한 접근을 취할 수 없다는 점은 누구나 쉽게 이해할 수 있을 것이다. 물론 이 책을 읽는 독자들 중에는 대한민국의 헌법 정신에 동의하지 않는 분들도 있을지 모른다. 그리고 무엇보다도 그런 접근 방법에 문제가 있기는 하지만, '어쩔 수 없는 것 아닌가'하는 생각에 그것을 따라가는 분들도 있을 것이며, 이런 현실 앞에서 공교육을 걱정하는 분들도 있을 것이다.

이런 문제에 대한 대안으로 사토 마나부 교수가 제시한 '배움의 공동체 학교 만들기' 수업 방식에서 따르는 주요한 개념 하나는 1년 정도만 꾸준히 적용하면 확실한 효과가 있다는 것을 나와 동료 교사들은 수많은 수업 관찰과 연수, 모임 등을 통하여 확인했다. 그것은 바로 '호혜적 배움'(reciprocal learning)이다.

● 장곡중학교 수학 수업에서 같은 모둠을 이룬 학생들이 서로 함께 문제를 풀어가고 있는 모습.
배움의 공동체 수업에서 자신이 가진 지식을 서로 공유하며 모든 학생이 배움에 참여한다.

교실의 자리 배치를 서로 얼굴을 볼 수 있는 구조로 바꾸고 수업 주제나 활동 과제를 함께 해결하도록 모둠 활동을 수업 과정에서 중요한 부분으로 구성한 것은, 수업이 진행되는 시점에서 현재 학생들의 지적 수준이나 상태가 천차만별로 다르더라도 서로 모르는 것을 묻고 배우며 대화를 통해 생각과 논리를 발전시키는 것이 가능하다는 것을 전제로 한다. 이것은 나와 동료 교사들의 수업에서뿐만 아니라 이러한 배움의 공동체 수업 방식을 적용한 다른 여러 학교의 수업들에서 실제로 놀라운 효과를 낳는 경우를 여러 차례 확인할 수 있었다.

수업에서 학생과 학생 사이에, 그리고 교사와 학생들 사이에 놓여있던 무관심과 적대적 긴장을 해소했을 뿐만 아니라 교사와 학생들이 배움에 대한 즐거움을 회복하면서 교과에 포함되어 있는 지식과 개념에 대한 학생들의 이해력도 향상되는 효과도 볼 수 있었다. 수업 관찰을 통해 얻은 이런 경험을 일반화하면, 학생들은 서로 친해지려고 하고, 배움을 통해 친해지려고 하며, 서로 가르치고 배우면서 친해지고 서로 친해질수록 더 많은 배움을 공유하고 싶어 하는 것 같다. 그래서 교과부, 교육청 등에서 '교사가 가르치는 수업 중심'에서 '학생이 스스로 배우는 수업 중심'으로 바꿔야 한다고 말하는 것은 여전히 잘못된 생각을 어휘만 달리해서 반복하는 것이다. '교사만 가르치는 수업'에서 '교사와 학생들이 서로를 가르치며 배우는 수업'으로 바꿔야 한다. 물론 여기서 학생들이 교사를 가르친다는 것에 의아하게 생각하는 사람들도 있을 것이다. 그러나 나를 비롯해서 많은 교사들이 학생들로부터 어떤 개념적 지식을 얻었다고 말할 수는 없지만, 아이들이 '호혜적 배움'과 같은 것들을 교사들보다 먼저 경험적으로 이해하고 그것을 가르쳐준 것만큼은 분명하다. 따라서 교사들도 수업에서 하는 일은 가르치는 것이 아니라 배우는 것이다. 교사들이 수업에서 아이들로부터 더 많이 배울수록 아이들도 교사와 다른 아이들로부터 더 많이 배울 것이며 학교는 배움의 공동체가 될 수 있을 것이다.

시험과 성적에 대한
우려에 대해

교사가 지시하고 학생들이 그것을 따라 필기하고 암기하는 것은 잘하면 객관식, 단답형 문제 시험을 준비하는 것에는 도움이 된다. 하지만 시험이 끝나면, 다 까먹어 버려 그 뒤에는 아무런 소용이 없고, 이후에 필요에 따라 또 다시 시험을 위해서만 공부에 시간과 돈을 투자해야 하는 것이어서 사회적으로는 완전히 낭비가 된다. 기업, 가계, 정부 모두에게 서로 비용을 전가할 뿐이다. 이것은 교육계가 아니라 기업들이 더 많이 지적하는 문제이다. 기업들은 수많은 형태로 직원들을 재교육하기 위해 시간과 돈을 투자하면서 문제를 제기한다.

그러나 많은 기업들은 이 문제를 어떻게 해결해야 좋은지 전혀 모르는 경우가 많다. 여전히 많은 기업들이 안전하게 명문 대학을 선호하고 있다. 또한 복잡하고 기준을 세우기가 애매한 새로운 선발 방식을 적용하기보다는 영어점수, 입사시험, 단순 면접을 종합해서 사원을 채용한다. 그리고 더 나아가 대기업에 입사하거나 의사, 변호사 등 전문직이 아니면, 우리 사회에서 직업의 안정성이나 근무 조건이 열악한 것이 현실이다. 그래서 학부모와 어른들은 내 아이의 미래를 위해서는 여전히 수능과 대입 등 시험에 바로 써먹을 수 있는 교육을 원하고 있다.

그렇다면, 호혜적 배움에 기반을 둔 배움의 공동체는 이런 우리 사회의 모순된 요구에 효과적이라고 할 수 있는가? 즉 일반적 수준에서 학업 성적을 올리는 것에는 효과가 없는 것이 아닌가? 또는 심지어는 더 떨어질 수도 있지 않은가? 우선 여기에 대해서는 배움의 공동체 수업을 적용한 많은 중학교들에서 전국적인 수준으로 보았을 때에도 성적이 올라가는 경우는 많았어도 떨어지는 경우는 없었다고 확실히 답할 수 있다.

대표적인 사례를 들어보겠다.

2012년 9월 중간고사를 채점하며 장곡중학교 학생들의 문제 해결력이 다른 학교 학생들의 문제 해결력과는 근본적인 차이가 있다는 것을 직접 내 눈으로 확인하게 되었다. 다음 사진 206쪽 〈자료 5-1〉을 보면 바로 알 수 있을 것이다. 이것은 2012년 서술식 시험을 평가하며, 찍어둔 사진이다. 시험을 채점하다 학생이 답안을 작성한 것을 보며, 우리의 수업 방식이 옳다는 것을 학생의 답안이 여실히 보여주는 것 같아 정말 기뻐서 찍어두었던 것이다.

수업이 바뀌면서, 장곡중학교는 교과별 교육과정도 바뀌었지만, 평가도 바뀌었다. 이런 일련의 과정들은 갑자기 바뀐 것이 아니라 점차적으로 변했기에 그 차이를 우리 스스로도 몰랐었다. 그런데 다른 지역에서 전학을 온 학생의 답안을 채점하며 그 변화를 체감하게 되었다.

교육청에서는 학교의 평가문항을 서술 · 논술형으로 출제하라고 공문으로 지시를 한다. 그러나 수업을 교사 중심으로 한 후에 서술 · 논술형 평가를 하기는 어렵다. 그래서 각급 학교에서는 서술 · 논술형 평가를 하라고 해도 단답형 평가를 선호하고 그렇게 시험 문제를 출제한다.

그러나 배움 중심 수업에서 학생들 스스로 탐구하며 과제 해결을 매시간 하는 학생들에게는 단답형이나, 다섯 개 예문 중에 답 하나를 골라내는 시험은 너무나 쉬운 유형이다. 특히나 교과서에 나온 지문을 그대로 낼 경우에는 수업 시간에 수행한 활동을 그대로 시험으로 다시 반복하게 하는 노릇이기 때문에 그것처럼 의미가 없는 일은 없다. 그래서 시험은 교과서에서 벗어난 지문에서 출제가 되거나, 교과서 지문일지라도 지식을 묻는 경우보다는 과제를 해결해야 풀 수 있는 문제를 내는 경우가 많다. 흔히들 이런 시험을 수능식 시험이라고 한다. 그런데 장곡중학교 학생들은 수업을 늘 과제 탐구형으로 스스로 참여하며 해결해야 하기 때문에 이런 문제가 출제되어도 지문 해석에 크게 어려움을 겪지 않고 잘 해석해서 서술형 문제를 해결한다.

〈자료 5-1〉 서술형 4번 문항은 중학교 2학년 국어 3단원 논증의 이해 단원을 공부한 후 시험 출제를 했던 답안이다. 논증의 이해 단원이었기에 학생들은 수업 시간 내내 논설문을 읽고 그 글에서 주장과 근거 결론을 찾아내는 활동을 하였다. 시험은 우리 학교 교사들이 '스마트폰의 사용량을 줄이자.'는 주제로 논설문을 한 편 써서 출제를 하였고 그 글 속에서 주장과 근거 결론을 찾으라는 문제를 출제했다.

이 답안은 성적이 가장 낮은 학생의 답안이다. 이 학생은 우리 학교 2학년 학생들 가운데 수업 참여도가 가장 낮은 학생이다. 수업에 참여하지 않고 엎드려 자려고만 하는 학생인데, 교

사들은 매시간 일으키고 깨우느라 한 시간에도 서너 번은 이
학생 옆으로 다가가서 수업 활동에 참여하도록 특별히 돌보고
있었다. 그런데 이 학생의 답안을 보면 생전 처음 보는 글인데

도 읽고 해석한 후 조건에 맞게 답안을 작성을 했고, 15점 만점
에서 9점을 받았다. 주장 부분의 답은 '스마트폰 중독이 심각하
다'인데 이 학생은 '스마트폰 사용량을 줄여야 한다.'고 하였다.
그렇지만 이 대답은 엉뚱한 답이 아니며, 이 정도면 이 논설문
의 주제를 정확히 파악했기에 나올 수 있는 답안이다. 다른 방
법으로 '이 논설문의 주제를 찾아라.' 하는 문제를 냈다면 이 학
생은 정확하게 골라냈을 것이다.

다음 〈자료 5-2〉는 2012년 9월 서울에서 전학을 온 학생의
답안지다.

이 학생은 처음 전학을 왔을 때 수업에서 전혀 경청을 하지
못했다. 습관적으로 수업 시간에 멍하게 앉아 있었고, 지금도
그 버릇을 바로 고치느라고 많은 교사들이 애를 쓰고 있다. 이
학생의 답안을 보면 서술형 4번 문제에 답을 한 글자도 못썼다.

전학을 올 때 성적은 전에 있는 학교에서 위에 언급한 학생
보다 당연히 좋았다. 그런데 이 답안지를 보는 순간 우리 학교
에 전학 와서도 이 학생이 위에 언급한 학생보나 너 좋을까 하
는 의문이 생겼다. 이 학생은 수업 시간에 교사가 늘 교과서를
해석해 주는 수업을 받았기 때문에 처음 보는 글을 자기 스스로
해석할 수가 없었다. 그랬기에 이 답지에 한 글자도 못 썼을 것
이다. 전학 와서 한 달 정도가 되는 이 학생은 이제야 조금씩 수

2012학년도 2학기 1차 지필평가 서술형·논술형 답안지			
제 2 학년 (국어)과	고사일	2012년 10월 11일 2교시	

문항번호	답 란	점수
서술형 1 (5점)	백성들의 돈을 앗아가는 도적	
서술형 2 (5점)	(1) (2)	
서술형 3 (5점)	서로 학년 살아온 경험이 다르기 때문이다	
서술형 4 (15점)	주장: 근거 ① ② ③ 결론:	
총 4문항 (30점 만점)	채점교사 (인) 총점수	

業 속에서 경청하고 있다. 경청이 무엇을 의미하는지 자신이 문득문득 수업에서 빠져 나가고 있다는 사실을 받아들이고 있다.

다음 〈자료 5-3〉은 또 다른 학생의 답안지다.

〈자료 5-3〉

이 학생은 2011년 3월에 입학한 학생이다. 처음 입학 했을 때
이 학생을 보며 나를 비롯한 많은 교사들이 과잉행동장애가 있
나 의심을 했었다. 수업 시간에 가만히 앉아 있지 못하고 여기

저기 돌아다니고, 끊임없이 쓸데없는 이야기를 하고, 교사들이 지적을 하면 왜 자기만 미워하냐고 대응했었다. 지금도 이 학생은 수업 시간에 교재를 읽으며—맙소사! 지금 생각해 보니 이 학생이 중학교 1학년 2학기를 넘어가면서 교실을 돌아다니지 않고 교재를 읽고 있었다.— 끊임없는 질문을 한다.

"'조국'이 뭐야?"

"'순국'이 뭐야?"

"'담대'가 뭐야?"

그럴 때마다 옆에 있는 친구들은 대답을 해준다.

"우리나라",

"나라를 위해 죽는 것",

"거꾸로 말해 봐. 대담!"

그러면 이 학생은 "아! 그렇구나." 하면서 교재를 이해해 나간다. 그렇지만 이 학생도 시험 전에는 나에게 이런 질문을 한다.

"선생님, 시험을 보다가 모르는 말이 나오면 그냥 쭉 읽으면서 이해하면 되죠?"

이 질문의 의미는 '단어 하나하나의 의미에 얽매이지 않고 맥락에 따라 이해하겠다.'는 것이다. 결과적으로 이 학생은 우리의 수업 속에서 모든 글의 해석 방법을 익혀온 것이다.

그랬기에 이 학생은 이런 답안을 작성할 수 있었다. 이 학생이 1학년 1학기 중간고사에 냈던 서술형 답안을 기억한다. 백지였다. 텍스트 자체를 전혀 이해하지 못하는 상태였다. 그런 학생이 1학년 2학기 중간고사에는 8점을 받았고, 2학년 1학기 기말고사에선 13점을 받더니, 2학기 중간고사에 와서는 30점 만점에 26점을 받았다. 기초 학력이 떨어져서 어휘력이 부족한 학생도 수업 시간 끊임없이 교재를 해석하고 과제 해결을 하는 활동을 하면서 이 학생은 한 번도 본 적 없는 글도 스스로 해석해서 과제를 해결 할 수 있는 능력이 2년여의 시간 속에서 만들어진 것이다.

그렇다면 한 번 묻고 싶다. 이런 학생들이 수능시험에서 유리하겠는가 아니면 교사의 친절한 교과서 해석 속에서 스스로 교과서를 해석해 본 적 없이 늘 교사가 해주는 해석을 듣기만 했던 학생들이 유리하겠는가? 그리고 상급 학교에 진학해서 어떤 학생들이 더 학습을 잘 하겠는가?

이것은 교사가 일방적으로 지식을 전달하고 학생은 수동적으로 그것을 암기하는 수업 방식이 매우 비효율적이있음을 반증하는 것일 수 있다. 교사와 학생, 학생들 서로의 관계와 심리 상태를 고려하지 않고 기계적으로 이루어지는 전달-암기 방식의 수업이 계속되어 완전히 황폐해진 학교에서 어떻게 학생들 성적이 올라갈 수 있겠는가?

그러나 이 문제는 사실 간단한 문제가 아니다. 교과부나 연구소, 대기업들도 이런 식으로 문제를 제기하지 않는다. 왜냐하면 그들 자신들이 평가의 대상이 되지 않기 때문이다. 이런 문제 때문에 고민하는 것은 학부모들이며, 학부모들을 만나야 하는 교사들과 학교의 교장이나 교감 선생님 같은 분들이 하지 않을 수 없는 고민이다. 정확히 말해서 이 문제는 문제가 제기되는 위치 자체에 문제가 있다. 대학입시와 관련해서 중요한 것은 수업 방식을 어떻게 바꾸든, 교사가 얼마나 효과적으로 가르치든 그것은 표준화된 점수로 일정한 수만 입학시키는 것이기 때문에 관계가 없다. 대한민국 대학입시에서는 하버드 법대에 수석 합격할 능력이 되거나 수학 올림피아드에서 금메달을 딴 학생도 얼마든지 실패할 수 있으며, 실제로 유사한 사례들이 있어왔다. 배움의 공동체 수업을 적용한 많은 학교들이 서로 경쟁한다고 할 때 학생들이 아무리 뛰어나도 성적이 뛰어나더라도 반드시 불합격자가 나올 수밖에 없다는 것은 당연하다. 그래도 계속 묻는다면, 현재까지 고등학교에서 배움의 공동체 수업을 적용해서 대입에서 어떤 결과가 나왔는지를 보여준 사례는 없기 때문에 어떤 근거를 가지고 대입에 적합한지를 판단할 수 없다고 답할 수 있겠다.

이제 중학교에서 선생님들이 갖는 우려 사항에 대해서 답하면 될 것 같다.

'이렇게 수업을 해도 졸업생들이 고등학교 교육과정을 따라갈 수 있을까?'란 우려에 대해 답하면 될 것 같다. 이러한 의문을 의미상 더 정확히 해석한다면, '고등학교 교육과정을 이해하는 데 도움이 될 수 있을까?'이다. 이렇게 우려 사항에 관한 문장을 바로잡는 것은 학교에서 많은 교사들이 쓸데없는 걱정을 하는 경우가 많기 때문이다. 우리나라 고등학교 교육과정은 고등학교 교사들도 자기 담당 교과가 아니면 절대로 따라갈 수 없을 뿐만 아니라 자기 교과라 해도 교육과정이 바뀔 때마다 그걸 따라잡기 위해서는 갖은 노력을 다해야 한다. 중학교의 경우에도 중학교 1학년 수준의 교육과정을 다른 교과 교사들이 들으면 이해하기 힘든 경우가 많다. 그런데 학생들은 모든 교과에 걸쳐서 교육과정에 따라가야 할 뿐만 아니라 대학과 학부별로 다른 합격 조건을 갖추기 위해 그 외의 활동도 부수로 준비해두어야 한다. 물론 그렇게 각 교과별로 '수준 높게' 설정된 교육과정은 대학입시가 끝나면, 많은 부분이 아무 소용이 없이진다. 그러므로 비교 대상을 명확히 해서, 교사가 일방적으로 진행하고 질의응답을 받는 형태의 수업이 배움의 공동체 수업보다 교육과정을 따라잡는 데 도움이 되는가를 묻는다면, 경험적으로 생각하거나 현실의 조건을 논리적으로 검토해보더라도 도움이 된다고 답하겠다.

그러면, 이제 이렇게 질문을 해보자. '배움의 공동체 수업이 아이들의 인생에 도움이 되는가?' 도움이 된다. 배움의 공동체에서 배운 아이들은 어떤 환경 변화나 어려움에 부딪치더라도 스스로 생각하며 다른 사람들과 함께 문제를 극복하는 방법을 터득해갈 것이기 때문에 그들은 자신의 지식을 지혜로 사용하게 될 것이다.

호혜적 배움을 위해

지금까지 제시한 것처럼 배움의 공동체 수업에서 교사의 역할을 요약한다면, 교사는 수업을 디자인하고 모둠을 구성하고 학생들이 활동에서 부딪치는 어려움이나 부족한 이해를 돕기 위해 대응을 중심으로 수업 진행을 도모해야 한다고 말할 수 있다. 그런데 이러한 것들을 하는 과정에서 교사가 어떤 기준을 가지고 수업을 디자인하고 모둠을 구성하며 대응을 해야 하는지에 대해 체계적으로 말할 것이 아직은 부족하다. 그리고 여전히 개선해야 할 것들이 많이 남아있다.

그러한 개선의 방향이나 방식도 배움의 공동체로 학교를 바꾸기 위한 노력에서 나올 수밖에 없다. 그것은 학교의 공공성을 실현하기 위한 수업 공개, 동료성에 기반을 둔 수업 연구, 주제-탐구-공유가 결합된 학생들의 활동을 발전시킴으로써만 나올 수 있다. 배움의 공동체를 적용하려는 학교들에서 일상적인 수업 공개와 전문화를 위한 수업 연구, 그리고 활동적인 수업을 구성하는 과정에서 드러나는 많은 문제점들을 보면, 여전히 과거 방식에 얽매여 있는 경우가 많다. 여전히 과거의 관행적으로 특별히 준비된 수업, 교사 개인 능력에 대한 평가를 중심으로 한 회의, 교실의 자리 배치는 바뀌었지만 교사의 설명을 중심으로 진행되는 수업이 이루어진다.

그런데 여기서 한 가지 주의할 문제가 있다. 그것은 말의 어휘에 갇혀 버리는 것이다. 사토 마나부 교수는 일상적인 수업 공개가 필요하고 특별한 준비 없이 일상의 수업을 공개해야 하다고 말했다. 자 이제 이 말을 믿고 수업 공개를 하려고 한다. 수업을 디자인하려고 하는데, 벌써 문제가 발생한다. 일상의 수업을 공개하고 일상적인 수업 공개를 하려고 했는데, 벌써 머릿속이 아파온다. 왜냐하면 수업 공개를 일상적으로 해 본 적이 없는 것이다. 과거 공개 수업과 연구 회의의 경험이 머릿속에 마구 떠오른다. 그리고 매시간 졸고 있는 아이들과 이어

폰에 심지어는 화장까지 하고 나타나는 여자애들까지 떠오른다. '이 일상을 공개하면, 회의 자리에서는 동료성이라고 말하지만, 다들 나 없는 자리에서 뭐라고 할 것 아니야. 그리고 특히 매번 뒷자리에서 만화 보면서 키득거리고 웃는 남학생 둘은 혼내지 않으면 통제가 안 되는데…', '활동적인 수업은 어떻게 디자인해야지, 이런 것은 한 적도 없고 본 적도 없는데, 우리 학교가 혁신학교이고 배움의 공동체를 한다고 하는데, 교실 자리 배치도 이미 ㄷ자 형태로 바꾸었는데…'

조금만 생각해 보아도 우리나라에서 일상적인 수업 공개는 없었기 때문에 일상적 수업 공개는 일상적이지 않고 낯선 것이며, 그래서 그것을 처음 시작할 때에는 과거의 관행적인 수업 공개와 연구 회의가 될 확률이 매우 높다. 그것은 낯선 것을 경험하는 것이 아니라 오히려 과거의 관행을 경험하는 것이다. 즉 평소 수업을 공개하는 것은 낯선 경험이 되지만, 비일상적인 수업을 공개하는 것은 오히려 이미 예상되었던 관행인 것이다.

수업 연구를 위해서는 당연히 전자가 필요하나, 그러나 아무리 동료성을 말하지만, 수업 연구를 해본 적이 없기 때문에 형식적인 평가를 하거나, 아니면 마음 급한 고참 선생님으로부터 "도대체!"라는 질타를 받을 수도 있다. 호혜적인 배움은 어떤가? 호혜적인 배움을 관찰하기 위해서 눈을 동그랗게 뜨고 아이들을 관찰하고 있으면, 보이는 것은 호혜적인 배움이 아니라 '선생님들이 왜 저러시나?'하면서 오히려 자신을 멀뚱하게 쳐다보는 아이들의 황당한 눈빛이다. 그래서 사실 현재 많은 학교들에서 수업 공개를 할 때 보게 되는 것은 이렇게 서로 황당한 표정으로 마주치는 눈빛인 경우가 많다. 어쨌든 여기서 배움의 공동체를 향한 일보가 시작된다.

이제 수업에서 아무리 활동적인 수업을 구성하려고 해도 매끄러운 진행이 되지 않는다. 배움의 점프는 보이지 않는다. 교사가 하는 일은 수업을 매끄럽고 능수능란하게 진행하는 것이 아니다. 문제 해결의 모범적인 풀이 방법이나 답안을 교사가 제시하면 진행은 훨씬 더 수월할 수 있다. 그러나 그렇게 되면, 학생들이 교과 지식을 어떻게 실제 개념으로 이해하고 있는지를 교사와 학생 모두 확인할 수 없다. 이것은 학생들마다 또한 매우 다르다. 아이들은 여러 방식으로 문제 해결에 도전하고 그 과정에서 여러 측면에서 막히기 때문에 매번 똑같은 방안을 제시해줄 수는 없다. 배움의 결과가 수업에서 바로 그 자리에서 확인되는 경우는 흔하지 않다.

그러나 변화는 조금씩 진행된다. 장곡중학교에서 가만히 있으면 누가 가르쳐줄 것이라는 생각, 모둠 활동을 할 때 가만히 있다가 다른 학생들이 다하면 그냥 베껴 쓰면 될 것이라는 생

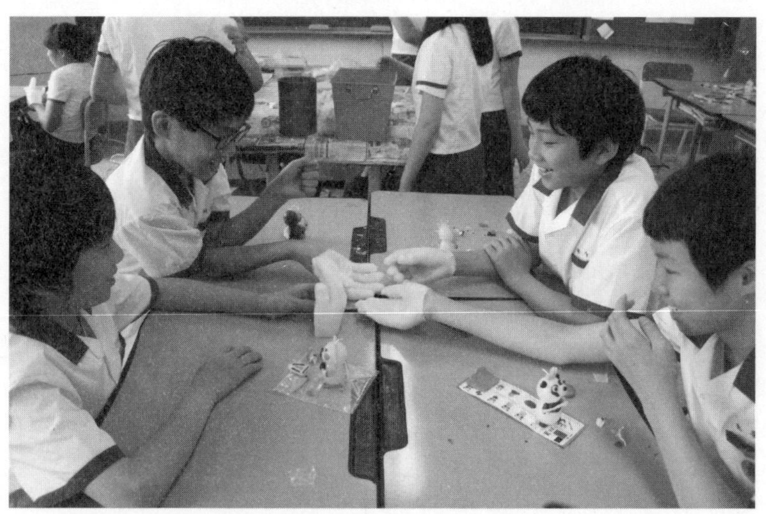

● 장곡중학교 동아리 양초반 활동 모습.
변화는 조금씩 진행되었지만, 어느 사이에 우리의 아이들과 교사들 모두 달라져 있었다.

각, 모둠 활동을 할 때 수업과 관련 없는 이야기를 해도 선생님이 모를 것이란 생각, 멍하게 있는 것도 듣는 것이라는 생각을 했던 학생들도 교사들의 변화와 함께 조금씩 변해갔다. 양측의 변화가 조금씩 진행되었기에 아마도 교사들과 학생들은 깨닫지 못했다.

그러다가 아이들의 변화에 대해 실제로 교사들이 느끼게 된 것은 2010년 5월을 넘기면서이다. 그 이전에는 교사들이 잘 몰랐는데 5월 이후에는 아이들이 확실히 달라져 있었다. 수업 중 아이들의 얼굴에는 유순하고 예쁜 표정이 있었다. 웃음을 살짝

띤 얼굴로 교사를 쳐다보고, 발표하는 친구를 쳐다보고, 활동하지 않는 친구에게 함께 하자고 끌면서 모두가 수업 안에서 즐겁게 공부하는 모습을 교사들이 본 것이다.

우리 장곡중학교 교사들이 수업을 보며 처음으로 울었던 때가 기억난다.

2011년 4월, 2학년 영어 교사인 손가영 선생님이 수업을 열었다. '히어로'란 주제로 수업을 하였는데 교과서의 본문을 읽고 해석하는 수업이 아니었다. '히어로'란 주제 안에서 우리 현실에 존재하는 '히어로'를 찾으며 그들의 영웅적 특징을 찾고 말하고 있었다. 영어 수업이었지만 끊임없이 생각하고, 현실의 '히어로'를 찾아 그들이 왜 영웅인지 공감하는 수업을 보며 교사들은 손가영 선생님의 성장에 감동하였다. 그 교사의 성장 뒤에 숨겨진 피나는 노력에 각자 존경하는 마음을 갖게 되었다. '신규 교사로 2년째 장곡중학교에서 근무하며, 늦게까지 남아 활동지를 만들던 그 노력이 이런 수업을 만들고 있구나.' 하면서 자신을 돌아보며 성찰하게 되었다.

무엇보다 감동적인 것은 카메라 가장 가까운데 앉아 있던 연우의 변화였다. 교사들의 눈에서는 눈물만 나왔다.

연우는 1학년 때 특수반에 가야 할 아이가 아닌가 할 정도로 인지적인 부분이 모자라던 아이였다. 국어 시간에 아무것도 못하고 가만히만 앉아 있었고, 그 모둠의 친구들은 그런 연우와 같은 모둠으로 있는 것을 싫어했다. 어쩌다 교사들이 번호로 지적할 때 연우가 되면 10분이고 15분이고 입을 다물고 웃기만 했다. 옆에 앉았던 모둠 친구들이 답을 말해주면서 발표를 하라고 해도 절대 입을 열지 않고 빙그레 웃기만 했다. 이런 일들이 반복되자 연우를 지적하면, 같은 반 학생들은

"걔는 말하지 않는 애니까 다른 애를 시키세요."했다. 심지어 장난꾸러기 남학생들은 "연우는 말 못해요."라고 놀리기까지 했다. 이런 연우가 안타까워 옆에 앉아서 아무리 답을 말해주며 쓰게 해도 연우는 고집스럽게 앉아만 있던 아이였다.

시 쓰기 수업 시간에 연우가 썼던 시가 생각난다. 화단을 둘러본 후 시를 썼는데, 다른 친구들은 구체적인 대상을 잡아서 시를 쓰고 있었다. 민들레를 소재로 홀씨의 자유로움을 노래하던 아이, 아기나리꽃을 소재로 하늘에서 내려와 풀 사이에 숨은 별이 아기나리라던 아이, 며느리밥풀꽃이 슬픈 전설을 며느리의 포용으로 다시 재해석하던 아이들 틈에 연우는 '꽃'이라는 제목으로 '나도 꽃처럼 예쁘다.'라고 시를 썼다. 그때가 처음 연우가 교사의 지시에 따라 적당한 활동을 처음 했던 때라고 기억한다. 삐뚤빼뚤하고 들쭉날쭉하고 글씨가 너무 크고 이상해서 처음엔 못 알아봤지만 옆에 앉은 학생과 둘이 머리를 맞대

고 읽어낸 시가 '나도 꽃처럼 예쁘다.'였고 정말 감동적인 시였다. 그 시에 감동해서 전체 학생들과 함께 읽었던 기억이 난다.

"나도 꽃처럼 예쁘다."

그렇게 1년을 보내고 2학년이 된 후 우리는 연우를 잊고 있었다. 그 연우가 영어 수업 시간에 앉아 있었다. 한글도 잘 쓰지 못하고 잘 읽지 못하는 연우가 영어 시간에는 어떻게 할 것인가도 교사들의 관심사였다. 1학년 때 알던 연우라면 가만히 앉아만 있을 것이었다. 교사가 옆에 가서 친구 활동지라도 베끼라고 하면 빙그레 웃기만 할 연우였다.

그런데 연우가 수업이 시작되고, 활동이 시작되자 친구들의 활동지를 두리번거리기 시작했다. 그런 모습을 보고 있던 앞의 친구는 도와주려다가 주춤거렸다. 아마도 참관하는 교사가 없었다면 연우를 도와주었을 것이라는 짐작이 들었다. 연우는 계속 옆의 친구의 활동지를 흘끔거렸고, 옆에 앉아 있던 종해가 자신의 활동지를 다한 후 연우의 활동지를 들여다보았다. 그리고 "여기는 그 히어로의 특성을 찾는 거야. 키워드라고 하는데, 마음이 따뜻하면 카인드고, 직업의식이 투철하면 워크 하드지."하면서 연우에게 설명하고 있었다. 종해는 전교에서 10등안에 드는 아이였는데 설명해도 모를 연우에게 설명하는데 그 설명을 고스란히 듣고 연우가 활동지를 채웠다.

　교사가 가르치려는 욕심을 버리고 아이들을 수업의 주인공으로 끌어들이는 순간 수업은 살아나고, 아이들은 더 큰 배움을 이루며, 그 이후의 수업은 훨씬 더 생기 있고 활기차게 만들어진다는 것을 깨닫는 순간이었다.

에필로그

"선생님, 밥 많이 먹지 마세요."

"왜?"

"밥을 많이 먹으니까 배가 많이 나오잖아요."

"응~ 선생님 배가 이렇게 나온 게 밥을 많이 먹어서라고 생각하는구나. 그게 아니고 이렇게 배가 많이 나온 것은 아기가 들어있기 때문이야."

"아, 그런 거에요?"

"선생님, 그럼 태교해야겠네요. 우리가 수업 시간마다 노래 불러드릴까요?"

"그래? 그럼 좋겠다. 한 번 불러볼래."

"네"

"야, 야, 음악책 꺼내봐. 오늘 배운 거. 알았지? 시~이작!"

"오 푸른 바람 불어와 푸른 빛 물결 나부낀다네~"

이 노래를 태교하라며 신나게 부르던 아이들을 잊을 수가 없다. 태교라며 시작한 노래에 오히려 자기들이 더 신나서 '헤이~'하며 부르던 아이들.

불 꺼진 교실에 예닐곱 명의 남학생들이 머리를 맞대고 앉아 있는 걸 보고, 무슨 나쁜 짓을 하고 있구나 싶어 혼내줘야지 하고 살금살금 다가가 아이들이 모여 있는 가운데에 머리를 들이밀 때, 나를 돌아보며 "아이 깜짝이야. 선생님도 드실래요?" 하면서 함께 모여 먹고 있던 막대사탕을 내밀며 환하게 웃던 아이들.

이 아이들을 생각하면 눈물이 난다. 순수한 마음을 늘 오해하고, 다르게 해석하는 교사에게 순수함으로 매섭게 본때를 보여주며 불경한 교사를 오히려 성찰하게 만드는 아이들. '아이들은 어른의 아버지'라는 워즈워스의 시구처럼 언제나 어른보다 나은 생각과 판단으로 나를 부끄럽게 만드는 아이들과 항상 있을 수 있는 교사라는 직업을 사랑한다. 그렇기에 아무 생각 없이 교사를 시작했지만 시작하는 순간부터 천직이라는 생각을 버린 적이 없다. 아이들과 함께 하는 시간이 행복하기 때문이다. 이런 행복 때문에 교사들은 교사인 것이 좋다.

그때 태교를 받은 아이가 태어나 고등학생이 되었고, 막대사탕의 사내 녀석들은 장가가서 아이의 아비가 되었지만 나에게 그 아이들은 아이들이고 그 아이들에게 나는 늘 교사로 남아있고 싶다.

최근 몇 년 급격히게 수업이 무너지면서 교사들의 미음도 함께 무너져 내렸다. 더구나 수업이 망가지는 책임을 온통 교사에게 지울 때 행복했던 수업과 편안했던 학교가 불편하고 슬픈 장소로 바뀌었다.

학교가 무너지고, 수업이 무너질 때 가장 먼저 상처를 받고 아픔을 느끼는 사람이 교사라는 사실을 교사가 아닌 사람들은 모른다. 교사는 수업을 최상의 가치로 여긴다는 것을 다른 사람들은 모른다. 그렇기 때문에 수업이 안되는 것을 교사의 탓으로 돌리고 무능하다고 비난한다. 이런 세상의 변화를 느끼며 교직에 회의를 느끼고 그만두어야지 하고 생각하는 사람들은 보통 교사들에 비해 수업에 더 열정적이고, 학생들에게 잘하는 교사이기에 그 고민과 갈등이 더하다. 수업에 최선을 다하고 학생들에게 성심을 가지고 만났음에도 자신을 몰라주고 비난하는 것에 견디기가 더 힘든 것이다. 그러면서 교직을 떠야 할까 하고 고민하는 교사들을 종종 만나게 되었다.

그러나 최근 혁신학교를 중심으로 학교가 살아나기 시작했다. 학교에서 가장 중요한 것이 수업이라는 것을 아는 교사들이 학교 혁신의 가장 중요하고도 시급한 과제가 수업을 바로 세우는 것이라고 인식을 같이 하고 함께 연대하기 시작했다. 그러면서 학교에 변화가 나타나기 시작했다. 이런 변화와 함께 학교와 교사를 비난하던 사람들이 혁신학교 주변으로 이사를 오기 시작했다. 이런 사회와 학교의 변화는 교사들에게 우리나라 교육에 대한 희망을 갖게 하고, 다시 수업에 온힘을 쏟게 만들고 있다.

23년째 교사를 하고 있는 나는 지금쯤이면 수업을 연구하지 않아도 경륜으로 하면 되겠지 하고 생각하겠지만 사실은 그렇지가 않다. 오히려 젊은 교사들의 좋은 수업에 뒤처지지 않으려고 열심히 교재 연구를 하고, 남의 수업을 보고 연구하고, 나의 수업을 진행하고 있다. 그러면서 나는 혁신학교에서 근무하고 있는 3년 동안의 성장이 앞서 있던 그냥 그렇게 지나가는 시간 속에서 수업에 익숙해지게 되면서 수업을 이끌어가는 능력이 만들어지던 19년의 성장보다 더 크다는 것을 느낀다. 그렇기 때문에 장곡중학교를 떠나고 싶지 않다는 생각이 든다.

우리 학교 교사들도 이런 생각은 마찬가지다. 교사에게 어떤 사정이 있지 않고서는 장곡중학교를 떠나려 하지 않는다. 장곡중학교의 평범한 교사들이 혁신 학교가 된 장곡중학교의 수업을 만들기 시작했고, 수업 만들기 속에서 자신의 수업 전문성을 키워갔기 때문이며 지금은 수업의 전문가로 다른 학교에 컨설팅을 가기도 한다.

또한 아직도 많은 학교들에서는 교사의 수업을 위해 행정업무를 경감하고, 수업을 위한 시스템을 구축하려고 시도하고 있지만 여기 장곡중학교만큼 교사가 수업하기 좋도록 시스템화된 학교는 드물다. 그렇기 때문에 장곡중학교 교사들은 발령난 기간이 넘어도 다른 학교로 내신을 내서 가려고 하지 않고 장곡중학교에서 근무를 연장하면서 있고 싶어 한다.

가끔씩 예비 혁신학교들이나, 혁신 학교, 혹은 수업을 혁신하고 싶어 하는 학교들에서 전화가 온다.

"수업 컨설팅을 받고 싶은데 전 과목을 다 받고 싶어요. 가능할까요?"

이런 전화를 받으면 전 과목의 컨설턴트 명단을 그쪽 학교의 담당 부장에게 건네고, 일정을 조정하게 된다. 그런데 어떤 학교의 담당 부장은 수업 컨설팅을 정말 잘 받고 싶은 욕심에 이런 요구를 하기도 한다.

"왜 컨설턴트 명단이 전부 장곡중학교 교사인가요? 다른 학교에 더 잘하는 선생님은 없을까요?"

이런 질문을 받으면 조금 난감해진다. 다른 학교에 더 잘 하는 컨설턴트가 있을지 나는 정확하게 모른다. 그렇지만 확실한 것은 우리 학교의 교사만큼 '배움의 공동체 수업'의 경험을 갖고 있는 교사는 드물다는 것, 그리고 매일 매일의 수업을 '배움의 공동체 수업'으로 설계하고 진행한다는 것, 또한 수업 공개를 통해 다른 교사들에게 자신의 수업을 많이 보여준 교사가 별로 없다는 것, 그렇기 때문에 지금까지는 장곡중학교 교사들이 컨설턴트로서 손색이 없다고 설명을 한다.

이런 설명을 듣고 나면,

"아, 그렇군요. 제가 생각이 짧았군요." 하면서 일을 진행시킨다.

지금 생각해도 나는 이 생각에 변함이 없다. 아직까지는 장곡중학교 교사만큼 '배움의 공동체 수업'을 꾸준히 실천하고, 수업 공개를 통해 연구하며, 남의 수업을 그렇게 많이 보고, 다시 자신의 수업으로 되돌리는 것을 학교 전체의 교사가 연대하여 하는 경험을 많이 가진 교사는 많지 않다고 본다. 그렇기 때문에 장곡중학교에서 1년 이상만 근무하면 다른 학교에 수업 컨설턴트로 가서 다른 교사들에게 도움을 줄 수 있게 성장하게 된다.

이것이 진정한 학교라고 생각한다. 교사로 발령받은 사람이 학교에서 수업을 하면서 진정한 수업의 전문가로 성장하게 되는 곳이 학교이어야 한다. 이것이 혁신학교다. 그러므로 혁신학교의 교사는 모두가 수업의 전문가이어야 한다.

한 사람의 아이도 배움에서 소외시키지 않으며, 수준 높은 수업을 위해 매 시간을 고민하는 학교 이런 학교가 바로 '배움의 공동체 학교'이나.

장곡중학교는 '배움의 공동체 학교'를 만들기 위해 지금까지 모든 교사와 학교 직원, 학부모, 학생들이 연대하여 노력을 해왔고, 앞으로도 할 것이다. 그래서 학교 안에서 학생들은 배움이 행복하고, 교사들은 가르칠 수 있어 행복하며, 지역은 아이들을 믿고 맡길 데가 있어 안심이 되고 행복하게 될 것이다. 이 행복은 혁신학교 이후에도 쭉 지속되어야 하며, 장곡중학교만 아닌 경기도의 혁신학교만이 아닌 전국으로 퍼져야 한다. 그래서 전국의 모든 학생, 교사, 학부모가 학교 안에서 행복해야 한다. 왜냐하면 아이들은 우리 사회의 미래이기 때문이며, 아이들이 깨어있는 동안 가장 많이 있는 곳이 학교이기 때문이다. 오늘의 행복함을 만들고 느낄 줄 아는 아이가 미래의 행복을 만들 수 있다.

삶과 교육을 바꾸는
맘에드림 출판사 교육 도서

나는 혁신학교에 간다

경태영 지음 / 값 14,000원

공교육을 바꾸겠다는 거대한 희망을 품고 시작된 '혁신학교'. 이 책은 일곱 개 혁신학교의 이야기를 담고 있다. 지금 우리 교육이 변화하는 생생한 현장의 모습과 아이들이 꿈을 키우고 행복하게 공부하는 희망의 터로 새롭게 자리매김하는 학교들을 이 책에서 만날 수 있다.

혁신학교란 무엇인가

김성천 지음 / 값 15,000원

교육 공동체가 만들어내는 우리 시대 혁신학교 들여다보기. 혁신학교 전반에 관한 이야기를 다루고 있는 책으로, 공교육 안에서 혁신학교가 생기게 된 역사에서부터 혁신학교의 핵심 가치, 이론적 토대, 원리와 원칙, 성공적인 혁신학교의 모습을 보이고 있는 단위 학교의 모습까지 담아냈다.

학부모가 알아야 할 혁신학교의 모든 것

김성천, 오재길 지음 / 값 15,000원

학부모들을 위한 혁신학교 지침서!
'혁신학교에서는 무엇을, 어떻게 가르치고 있는지, 교사 · 학생 · 학부모는 어떻게 만나서 대화하고 관계를 맺어가는지, 어떤 교육 목표를 지향하고 있는지 등 이 책은 대한민국 학부모들의 궁금증에 친절하게 답을 한다.

덕양중학교 혁신학교 도전기

김삼진 외 지음 / 값 14,500원

이 책의 1부는 지난 4년 동안 덕양중학교가 시도한 혁신과 도전, 성장을 사실과 경험에 기반한 스토리텔링 방식의 성장기로 전개하고 있다. 그리고 2부는 지역사회와 협력하여 펼치고 있는 교육 프로그램, 배움의 공동체 수업 등을 현장 사례 중심의 교육적 에세이 형태로 담고 있다.

학교 바꾸기 그 후 12년

권새봄 외 지음 / 값 14,500원

MBC PD 수첩에 방영되어 화제가 되었던 남한산초등학교.
아이들이 모두 행복하고, 얼굴 표정이 밝은 아이들. 학교 가는 것
을 무엇보다 좋아하고, 방학을 싫어하는 아이들. 수업과 발표를
즐겼던 이 학교를 졸업한 아이들이 그 후 12년의 삶을 세상에 이
야기한다.

교사와 학부모가 함께 읽는 주제 통합 수업

김정안 외 지음 / 값 15,000원

'서울형 혁신학교'로 지정된 7개 혁신학교들이 지난 1~2년
동안 운영한 주제 중심 통합 교육 과정과 수업 사례를 소개한
책이다. 이 학교들의 교육과정은 전국적으로 이루어지는
혁신학교들의 성과를 반영하였고, 자신의 지역사회의 실제
환경과 경험을 살려 실제 수업에 적용한 것이다.

혁신교육 미래를 말한다

서용선 외 지음 / 값 14,000원

혁신교육은 2009년 이후 공교육 되살리기의 새로운 희망이
되어왔다. 이러한 정책을 입안하고 추진하는 데 기여해왔던
6명의 교사 출신 연구자들이 혁신교육 발전에 필요한 정책
과제들을 모아 하나의 책으로 제시한다. 이 책은 교육철학,
교육과정, 교육행정과 학교 운영(거버넌스) 등에서 주요
이슈들을 정리하고 혁신교육의 성과와 과제가 무엇인가를
보여준다.

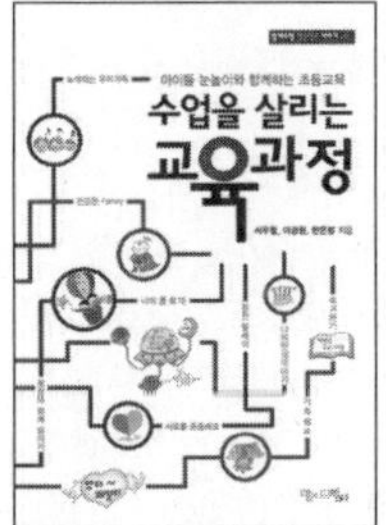

수업을 살리는 교육과정

서우철 외 지음 / 값 16,500원

최근 교육과정을 재구성하는 논의가 활발한 가운데, 이 책에서는
개별 교과목과 교과서의 형식에 얽매이지 않고 아이들의 발달을
고려하여 주제를 중심으로 교육과정을 재구성하여 통합적으로
운영하는 방법과 구체적인 실천 사례를 설명하고 있다. 이러한
과정은 같은 학년을 맡고 있는 교사들의 토론과 협력을 통해서
이루어진 것임을 이야기한다.

수업 딜레마

이규철 지음 / 값 14,000원

이 책을 관통하는 키워드는 '사람'이다. 저자의 노하우를 전수하는 것이 아니라, 수업 속에서 딜레마에 맞닥뜨려 고통받고 있는 선생님들의 고민을 담고, 신념을 담고, 그것을 이겨내기 위한 한 분 한 분의 마음을 담고 있다. 이런 고민 속에 이 책을 집어 든 나를 귀하게 여기며 다시 한 번 교사로 잘 살아보고 싶은 도전을 하게 한다.

좋은 엄마가 스마트폰을 이긴다

깨끗한미디어를위한교사운동 지음 / 값 13,500원

스마트폰에 대한 아이들의 집착은 대단하다. 스마트폰은 '재미있고 편리하다.' 그러나 스마트폰 때문에 아이들은 시간을 빼앗기고, 건강이 나빠지고, 대화가 사라지며, 공부와 휴식, 수면마저 방해를 받는다. 이 책은 이러한 사례들을 생생하게 소개하고 부모들에게 아이들의 스마트폰 사용에 어떻게 대응해야 하는지 대안을 제시한다.

엄선생의 학급운영 레시피

엄은남 지음 / 값 14,000원

34년 경력의 현직 교사가 쓴 생동감 넘치는 학급운영 지침서. 초등학교에서 아이들은 문자와 숫자를 익히는 것보다 학교와 교실에서 낯설고 모험적인 사건을 겪으면서 더 많은 것을 배운다. 이 책은 초등학교에서 교과서 지식보다 더 중요한 역할을 하는 학교생활과 학급문화를 만드는 데 담임교사의 역할을 다룬다. 교사와 아이들이 서로 존중하고 신뢰하는 관계를 어떻게 만들어야 하는지 구체적인 경험과 사례로 설명해준다.

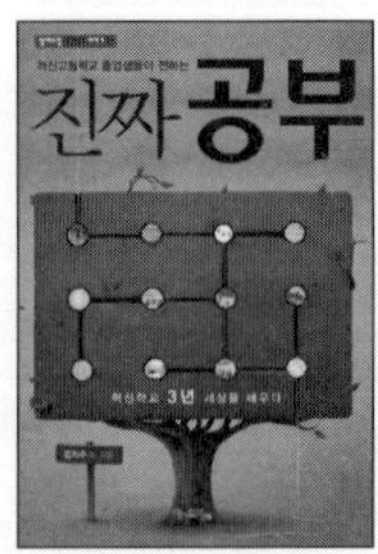

진짜 공부

김지수 외 지음 / 값 15,000원

혁신학교가 추구하는 '진짜 공부'와 '진짜 스펙'이 무엇인지 보여주는, 졸업생들의 생동감 넘치는 경험담. 12명의 졸업생들은 학교에서 탐방, 글쓰기, 독서, 발표, 토론, 연구, 동아리, 학생회 활동을 통해 자신들이 생각하지도 못한 진짜 공부를 경험했음을 보여준다. 이 책을 통해 수능시험이 아니라 정말로 청소년 스스로 하고 싶을 즐기면서 성장하는 것이 우리 사회에 필요한 것임을 새삼 느낄 수 있다.

수업 디자인
남경운, 서동석, 이경은 지음 / 값 15,000원

서울형 혁신학교의 대표적인 수업 혁신을 담은 이야기. 아이들이 서로 협력하면서 배우는 수업을 목표로 삼은 저자들은 범교과 수업모임을 통한 공동 수업설계를 대안으로 제시한다. 아이들은 교사의 설명을 통해 배우는 것이 아니라 서로 '옥신각신'하며 함께 문제에 도전할 때 수업에 몰입하고 배우게 된다. 이 책은 이러한 수업을 위해서 교사들이 교과를 넘어 어떻게 협력하고 수업을 연구해야 하는지 잘 보여준다.

아이들이 가진 생각의 힘
데보라 마이어 지음 / 정훈 옮김 / 값 15,000원

미국 공교육 개혁의 전설적 인물 데보라 마이어가 전하는 교육 개혁에 대한 경이롭고도 신선한 제언. 이 책은 학교 혁신의 생생한 기록을 통해 우리가 학교에서 무엇을 왜 가르치고 배워야 하는지에 대한 근원적인 성찰을 담고 있다. 아이들이 지성적으로 생각하는 마음의 습관을 배우는 것이 얼마나 중요하고 그것을 위해 학교가 무엇을 해야 하는지를 일깨워준다.

어! 교육과정? 아하! 교육과정 재구성!
박현숙·이경숙 지음 / 값 16,500원

교육과정 재구성을 고민하는 교사를 위한 현장 지침서. 이 책은 저자들이 학교 현장에서 교육과정 재구성이라는 화두를 고민하고, 실행한 사례들이 담겨져 있다. 책의 내용은 주제 통합 수업, 교과 통합 수업, 범교과 주제 학습, 교과 체험 학습, 프로젝트 수업 등 학교 현장에서 적용해 큰 성과를 본 것들을 세밀하게 소개하면서 교육과정 재구성 작업의 노하우를 펼쳐 보인다.

행복한 나는 혁신학교 학부모입니다
서울형혁신학교학부모네트워크 지음 / 값 16,000원

이 책은 학부모가 자신의 눈높이에서 일러주는 아이들의 혁신학교 적응기일 뿐 아니라, 학부모 역시 학교를 통해 자신의 삶을 고양시켜가는 부모 성장기라는 점에서 대한민국의 모든 학부모에게 건네는 희망 보고서이기도 하다. 혁신학교가 궁금한 학부모들이 이 책을 통해 혁신학교 학부모로서의 체험을 미리 하는 데 부족함이 없을 것이다.

일반고 리모델링 혁신고가 정답이다

김인호, 오안근 지음 / 값 15,000원

교육 환경이 열악한 지역에 있던, 서울의 한 일반계 고등학교가 혁신학교로서 4년간 도전과 변화를 겪으면서 쌓은 진로, 진학의 비결을 우리 사회 모든 학생, 학부모, 교사, 시민 등에게 낱낱이 소개해주는 책. 이 책은 무엇보다 '혁신학교는 대학 입시에 도움이 안 된다.'는 세간의 편견을 말끔히 떨어 없앤다. 이 책에서 저자들은 '결과' 중심 교육과정을 '과정' 중심으로 바꾸고, 교내 대회와 동아리 활동, 봉사 활동을 장려함으로써 대학 진학이란 놀라운 결과가 어떻게 이루어질 수 있었는지 보여주고 있다.

우리가 신뢰하는 학교, 어떻게 만들 것인가?

데보라 마이어 지음 / 서용선 옮김 / 값 15,000원

이 책의 저자인 데보라 마이어는 보수와 진보를 막론하고 미국 공교육 개혁 분야에서 가장 신뢰받는 실천가이자 이론가로 평가받는다. 학교 안에서 '신뢰의 붕괴'를 오늘날 공교육이 직면한 가장 큰 도전으로 인식한다. 이 책의 원제 'In Schools We Trust'에서 나타나듯, 저자는 신뢰할 수 있는 공교육의 조건이 무엇인지 자신의 경험 속에서 제안하고, 탐색하고, 성찰한다.

교사, 어떻게 살아야 하는가

김성천 외 지음 / 값 15,000원

오랫동안 교육 현장에서 교육과 연구를 병행해온 저자 5인이 쓴 '신규 교사를 위한 이 시대의 교사론'. 이 책은 학교 구성원과의 관계 맺기부터 학교 현장에서 맞닥뜨리게 되는 여러 가지 문제들과 극복 방법, 교육 개혁에 어떻게 주체로 설 수 있는지, 어떤 과정을 통해 개인의 성장을 도모해야 하는지 등 신규 교사의 궁금점에 대해 두루 답하고 있다.

리셋, 교육과정 재구성

서울신은초등학교 교육과정 연구회 모임 지음 / 값 16,000원

서울형 혁신학교인 서울신은초등학교 교사들이 1학년부터 6학년까지 모든 학년의 교육과정을 재구성하고 실천한 경험을 모두 담았다. 이 책에 소개된 혁신학교 4년의 경험은 진정한 학습이란 몸과 마음을 통해 경험함으로써, 생각이나 감정을 다른 사람과 주고받음으로써, 과거 경험을 새로운 지식으로 다시 생각함으로써 실현된다는 점을 잘 보여주고 있다.

다섯 빛깔 교육이야기

이상님 지음 / 값 16,000원

충북 혁신학교(행복씨앗학교)인 청주 동화초등학교의 동화 작가 출신 선생님이 아이들과 함께 보낸 한해살이 이야기다. 이오덕 선생의 "아이들의 삶을 가꾸는 교육"을 고민하던 저자가 동화초 아이들을 만나면서 초등학생의 특성에 맞도록 활동 중심의 교육과정을 재구성하는 한편, 표현 위주의 교육을 위한 생활 글쓰기 교육을 실천하면서, 학교 교육을 아이들의 놀이와 생활, 삶과 연결시키고자 노력한 교단 일지를 바탕으로 구성되었다.

만들자, 학교협동조합

박주희 · 주수원 지음 / 값 14,500원

이 책은 학교협동조합이 무엇인지, 어떤 유형의 학교협동조합이 가능한지, 전국적으로 현재 학교협동조합의 추진 상황은 어떠한지 국내외 사례를 통해 소개하고 안내하는 한편, 학교협동조합을 운영하는 원리와 구체적인 교육방법을 상세하게 풀어놓고 있다. 저자들의 실천적 지침들을 따라가다 보면 학교협동조합은 더 이상 상상이 아니라 학교 구성원의 필요와 의지, 실천으로 극복할 수 있는 실현 가능한 미래라는 점을 알게 된다.

땀샘 최진수의 초등 수업 백과

최진수 지음 / 값 21,000원

초등학교에서 20여 년간 아이들을 가르쳐온 저자가 초등학교 수업에 대해서 기록하고 연구하고 실천하며 쌓아온 경험을 바탕으로 초등학생들과 수업을 함께하는 방법을 담고 있다. 아이들의 학습 동기, 아이들이 수업에 참여하는 방법, 칠판과 공책을 사용하는 방법, 모둠 활동, 교과별 수업, 조사와 발표 등 초등학교 교사가 아이들을 가르칠 때 알아야 할 가장 기본적이면서도 가장 중요한 모든 것을 다루고 있다.

혁신 교육 내비게이터 곽노현입니다

곽노현 편저 · 해제 / 값 17,000원

서울시 18대 교육감이자 첫 번째 진보 교육감으로서 혁신 교육을 펼쳤던 곽노현은, 우리 사회 전반을 아우르는 주요 교육 현안들을 이 책에서 포괄적으로 다루고 있다. 2014년 3월부터 1년간 방송된 교육 전문 팟캐스트 '나비 프로젝트' 인터뷰에 출연한 전문가들과 나눈 대화와 그에 대한 성찰적 후기를 담고 있다. 이 책은 그야말로 우리가 '지금 알아야 할 최소한의 교육 이야기'를 포괄하고 있다.

무엇이 학교 혁신을 지속가능하게 하는가

권성호, 김현철, 유병규 정진헌, 정훈 지음 / 값 14,500원

독일 '괴팅겐 통합학교', 미국 '센트럴파크이스트 중등학교', 한국 혁신학교의 사례들을 통해 성공적인 학교 혁신의 공통점을 찾아내고 그것을 지속가능하도록 만들기 위해서 필요한 것은 무엇인지를 보여준다. 독자들은 이 책에서 괴팅겐 통합학교의 볼프강 교장이 말한 것처럼 "좋은 학교"를 만들기 위한 학교 혁신에 세계적으로 보편적이라고 할 만한 공통점을 찾을 수 있다.

교과를 꽃 피게하는 독서 수업

시흥 혁신교육지구 중등 독서교육 연구회 지음 / 값 16,500원

이 책은 지난 5년 동안 진행된 혁신교육지구 사업의 일환으로 학교에서 고군분투하며 독서교육을 이끌어왔던 독서지도사들이 실천 경험을 엮어낸 것으로 청소년기 학생들에게 장래 진로, 사랑, 우정, 삶의 지혜를 찾는 데 도움을 주는 독서교육을 잘 보여주고 있다. 특히 이 책에 소개된 국어, 수학, 과학, 사회, 도덕, 미술, 역사 등 다양한 교과와 연계한 협력수업은 독서교육의 새로운 전망을 보여주는 결실이다.

혁신학교의 거의 모든 것

김성천, 서용선, 홍섭근 지음 / 값 15,000원

저자들은 이 책에서 혁신학교에 대한 100가지 질문에 답하면서 혁신학교의 역사, 배경, 현황, 평가와 전망을 구체적인 증거를 통해 설명하고 있다. 이 책에 서술된 혁신학교에 관한 100문 100답을 통하여 우리 사회에 필요한 교육은 무엇인지, 교사와 학생들이 더 즐겁게 가르치고 배우면서 성장할 수 있는 교육을 위해 필요한 것이 무엇인지, 그것을 위해서 우리 사회 시민 각자가 자신의 위치에서 무엇을 하면 좋은가를 더 깊이 생각해볼 기회를 얻을 것이다.

교실 속 비주얼씽킹

김해동 / 값 14,500원

이 책은 비주얼씽킹 기본기부터 시작하여 교과별 수업, 생활교육, 학급운영 등에 비주얼씽킹을 응용하는 방법을 설명하고 있다. 특히 교사들이 초등학교 1학년부터 고등학교 3학년까지 국어, 수학, 영어, 과학, 사회 등 모든 교과 수업에 비주얼씽킹을 활용할 수 있도록 수업 지도안을 상세하면서도 간결하게 제시하고 있다. 또한 독자들이 책 내용에 대해 더욱 풍부한 이미지와 자료를 접할 수 있도록 저자의 블로그로 연결되는 QR코드를 담고 있다.

교육과정-수업-평가 어떻게 혁신할 것인가

이형빈 지음 / 값 15,500원

이 책은 교육과정 사회학자 번스타인(Basil Bernstein)이 제시한 '재맥락화(recontextualized)'의 관점에 따라 저자가 장기간에 걸쳐 일반 학교 한 곳과 혁신학교 두 곳의 수업을 현장에서 면밀하게 관찰하고 심층 인터뷰와 설문조사를 통한 연구를 바탕으로 무기력과 불평등을 재생산하는 교실을 민주적이고 평등한 구조로 바꾸기 위해 교육과정-수업-평가를 어떻게 혁신해야 하는지 제안하는 내용을 담고 있다.

혁신학교 효과

한희정 지음 / 값 15,000원

이 책에서 혁신학교 효과를 살펴보기 위해서 저자는 혁신학교가 OECD DeSeCo 프로젝트에 제시된 '핵심 역량'을 가르치고 있는지, 학생·학부모·교사가 서로 배우는 교육 공동체를 이루고 있는지, 학생의 발달을 위한 다양한 교육과정을 운영하고 있는지, 교사의 자율성과 전문성을 강화하고 있는지, 자치적이고 민주적인 학교문화를 가지고 있는지, 지역사회와 협력하고 있는지를 다른 일반 학교와 비교하여 설명한다.

교실 속 생태 환경 이야기

김광철 지음 / 값 15,000원

아이들이 자연과 친해지고 즐길 수 있도록 교육하는 것은 쉬운 일이 아니다. 특히 도시 지역에서는 더욱 어렵다. 그래서 이 책은 도시 지역 학교에서도 쉽게 실천에 옮길 수 있는 다양한 생태·환경교육을 폭넓게 다루고 있다. 이 책에서 저자는 계절에 따라 할 수 있는 20가지 환경교육 프로그램을 제시하고, 그 방법, 순서, 재료 등을 상세히 설명해준다

이제는 깊이 읽기

양효준 지음 / 값 15,000원

교과서에는 수많은 예화와 발췌문이 들어가 있다. 이런 자료들은 교육부가 교육과정에서 요구하는 기준에 맞춰 어떤 이야기, 소설, 수필, 논픽션 등에서 일부만 가져온 토막글이다. 아이들은 교과서에 수록된 작품이나 이야기 전체를 읽지 못한 상태에서 단편적인 지문만 읽고 이해를 해야 하기 때문에 책을 읽으면서 생각하고 공감할 수 있는 기회와 흥미를 찾을 수 없게 된다. 이 책은 이러한 문제를 개선하기 위해서 한 권이라도 책 전체를 꾸준히 읽어가는 방법인 '깊이 읽기'를 대안으로 소개하고 있다.

인성의 기초가 되는 초등 인문학 수업

정철희 지음 / 값 15,500원

이 책은 아이들의 올바른 인성 교육을 위한 새로운 방법으로서 인문학 수업을 제시하고 있다. 이 책에서 설명되고 있는 인문학 수업은 교사가 신화, 문학, 영화, 그림, 역사적 인물의 일대기 등에서 이야기를 찾아 아이들에게 제시하고, 아이들이 그 이야기에 나오는 여러 문제와 인물 등에 대해 자신의 감정을 스스로 공책에 기록하고 일상의 경험과 비교하고 토의와 토론을 통해 자신의 생각을 발전시키는 수업이다.

수업, 놀이로 날개를 달다

박현숙, 이응희 지음 / 값 13,500원

이 책은 교육계에서 최근 가장 중요한 과제로 삼고 있는, OECD의 여덟 가지 핵심 역량(DeSeCo)에 따라 여러 놀이들을 분류해서 설명하고 있다. "놀이에 내재된 긴장의 요소는 사람의 심성, 용기, 지구력, 총명함, 공정함 등을 시험하는 수단이 되므로" 그것은 학생들의 역량을 키우는 수단이 된다. 이 책의 저자들은 수업이 놀이를 만났을 때 어떻게 핵심 역량이 강화되는지 이야기하고 있다.

더불어 읽기

한현미 지음 / 값 13,500원

이 책은 교사들이 학습공동체를 통해 교직의 전문성과 자율성을 새롭게 발견하며 성장하는 이야기를 다룬다. 우리 사회의 기존 교육 제도는 효율성이라는 명분으로 교사들을 통해 아이들에게 경쟁을 강요하면서 교사들 역시 서로 경쟁하도록 만드는 시스템을 가지고 있다. 이 책에서 저자는 이러한 비인격적인 제도와 환경 아래서 교사들이 교사로서 행복을 되찾기 위해서는 교사들끼리 서로 협력하며 같이 배우면서 아이들과 함께 성장할 수 있어야 한다고 말한다.

땀샘 최진수의 초등 글쓰기

최진수 지음 / 값 17,000원

글쓰기가 아이들에게 필요한 중요한 것이 되려면 먼저 솔직하게 써야 한다. 모르는 것은 '모른다', 잘못은 '잘못이다', 싫은 것은 '싫다', 좋은 것은 '좋다'고 솔직하게 드러낼 때 글쓰기는 아이가 성장하는 디딤돌이 될 수 있다. 그리고 이것은 가르치는 교사에게도 적용된다. 지도하는 사람과 지도받는 사람이 따로 있는 것이 아니라 함께 쓰고 함께 나누면서 서로 성장을 돕는 것이다.

성장과 발달을 돕는 초등 평가 혁신

김해경, 손유미, 신은희, 오정희,
이선애, 최혜영, 한희정, 홍순희 지음 / 값 15,500원

이 책은 교육적 대안을 마련하기 위해 혁신학교에서 지난 5~6년 동안 초등학생의 성장과 발달을 돕는 평가를 실천해온, 현장 교사 8명이 자신들의 지혜와 경험을 모아 놓은 최초의 결실을 담고 있다. 독자들은 이 책을 통해 평가는 시험이 아니며 교육과정과 수업의 연장으로서 아이들의 잠재력을 측정하고 적절한 조언을 제공한다는 원래의 목표를 되살리는 첫걸음을 찾을 수 있을 것이다.

수업 코칭

이규철 지음 / 값 15,500원

가르치는 일을 함으로써 학생들의 배움을 돕는 교사들에게 수업은 시간적으로도, 공간적으로도 학교에서 자신이 하는 일의 중심을 이룬다. 그래서 수업에 관한 고민은 교과를 가리지 않고 교사들에게 일반적으로 드러난다. 교사들은 공통의 문제로 씨름하게 된다. 최근에 그 공통의 문제를 교사들이 함께 풀어 나가자는 흐름이 곳곳에서 일어나고 있다. 이 책은 그중에서도 '수업 코칭'이라는 하나의 흐름을 다룬다.

교사들이 함께 성장하는 수업

서동석 · 남경운 · 박미경 · 서은지,
이경은 · 전경아 · 조윤성 지음 / 값 15,000원

이 책은 아이들의 배움에 중점을 둔 수업을 위해 구성한 교사 학습공동체로서, 서로 다른 여러 교과 교사들이 수업을 디자인하고 연구하는 '수업 모임'에 관해 다룬다. 수업 모임 교사들은 공동으로 교과 수업을 디자인하고, 참관하고, 발견한 내용을 공유하고 평가하는 피드백을 통해 수업을 개선해간다. 그리고 이러한 실천이 쌓여가면서 공개수업을 준비하는 방법과 절차는 더욱 명료해지고, 수업설계는 더욱 정교해진다.

땀샘 최진수의 초등 학급 운영

최진수 지음 / 값 19,000원

이 책의 저자는 학급운영의 출발은 아이들을 '가르치는 대상'에서 '존중받는 존재'로 바라보는 것에서 시작해야 한다고 이야기한다. 또한 아이들과 함께하면서 교사는 성장한다. 이러한 성장은 시간이 흐르고 경력이 쌓인다고 이뤄지는 것이 아니라 여러 가지 어려운 문제를 헤쳐 나가며 교사 스스로 자신을 되돌아보고 성찰할 때 비로소 아이들과 함께하는 올바른 학급운영이 이루어진다고 말한다.

당신의 교육과정–수업–평가를 응원합니다

천정은 지음 / 값 14,500원

이 책은 빛고을혁신학교인 신가중학교에서 펼쳐진, 학교교육 혁신 과정과 여전히 완성되지 않은 그 결과를 다루고 있다. 드라마 〈대장금〉에 나오는 '신비'의 메모가 보여준 것과 같이 교육 문제를 여전히 아리송한 것처럼 적고, 묻고, 적기를 반복하며 다가가는 것이다. 저자인 천정은 선생님은 이 책을 통해 자신의 수업이 앞으로도 교육의 본질에 더 가깝게 계속 혁신되기를 바라고 있다.

에코 산책 생태 교육

안만홍 지음 / 값 16,500원

오늘날 인류에게는 에너지와 자원을 대량으로 소비하는 생활양식이 보편화되어 있다. 이러한 생활양식은 자연을 파괴하고 수많은 환경 문제를 야기하고 있다. 이 책은 그러한 생태 교육을 위해 필요한 내용을 다루고 있다. 아이들이 지구 환경을 다시 복원하기 위해서 갖춰야 할 것은 관찰하고 기록하고 어떤 과학적 추론을 이끌어내는 능력이 아니라, 오감을 통해 스스로 자연을 느끼고, 자연의 소중함을 배우는 것이다.

I Love 학교협동조합

박선하 외 지음 / 값 13,000원

학교에 협동조합을 만드는 일에 참여했던 학생들의 협동조합 활동과 더불어 자신과 친구들이 어떻게 성장했는지를 이야기한다. 글쓴이 중에는 중학교 1학년 때부터 사회복지사라는 장래 희망을 가지고 학교협동조합에 참여한 학생도 있고, 고등학교 3학년 때 참여하기 시작한 학생도 있다. '뭔가 재밌을 것 같다'는 호기심을 가지고 시작한 학생이 있는가 하면, 어떤 학생은 자의 반 타의 반으로 학교협동조합에 참여했다.

얘들아, 하브루타로 수업하자!

이성일 지음 / 값 13,500원

최근에는 공부 방식이 외우는 것에서 생각하는 것으로, 수업 방식은 교사 위주의 강의 수업에서 학생 위주의 참여 수업으로 많은 변화가 이루어지고 있다. 이는 4차 산업혁명 시대를 살아가야 할 학생들을 위해서는 당연한 것이다. 학교 교실에서 실제로 질문하고, 토론하는 하브루타 참여 수업의 성과를 담은 이 책은 하브루타 수업을 통하여 점점 성장해가는 아이들의 모습을 보여준다.

내면 아이

이준원 · 김은정 지음 / 값 15,500원

그동안의 상담 사례를 모아 부모 · 교사의 마음속에 숨어 있는 완벽주의, 억압, 방치, 거절, 징벌, 충동성, 과잉보호 등의 '내면 아이'가 자녀/학생과의 관계에서 어떠한 영향력을 행사하는지, 어떻게 갈등을 일으키는지 볼 수 있게 한다. 그 뿌리를 찾아 근원부터 치유하는 방법들은 필자의 경험을 바탕으로 종합한 것이다. 또한 임상 경험을 아주 쉽게 소개하여 스스로 자신의 '내면 아이'를 만나고 치유할 수 있도록 하는 데 중점을 두었다.

핵심 역량을 키우는 수업 놀이

나승빈 지음 / 값 21,000원

이 책은 [월간 나승빈]으로 유명한 나승빈 선생님의 스타일이 융합된 놀이책이다. 놀이 백과사전이라고 불러도 될 만한 이 책은 교실에 갇혀 넘치는 에너지를 발산하지 못하는 아이들과, 단순한 재미를 뛰어넘어 배움이 있는 수업을 고민하는 선생님을 위한 것이다. 본문에서는 수업 속에서 실천이 가능한 다양한 놀이를 제시하고 있다. 각각의 놀이들을 수업과 어떻게 연계할 수 있으며, 수업 놀이를 통해 어떤 역량을 키울 수 있는지 이야기한다.

교실 속 비주얼 씽킹 (실전편)

김해동 · 김화정 · 김영진 · 최시강,
노해은 · 임진묵 · 공세환 지음 / 값 17,500원

전 편이 교과별 수업, 생활교육, 학급운영 등에 비주얼씽킹을 응용하는 방법을 이론적으로 설명했다면, 《교실 속 비주얼씽킹 실전편》은 실제 초 · 중 · 고 학생을 대상으로 수업을 진행한 교사들의 활동지를 담았다.

수업 고민, 비우고 담다

김명숙 · 송주희 · 이소영 지음 / 값 15,500원

이 책은 수업하기의 열정을 잃지 않고 수업 보기를 드라마 보는 것만큼 재미있어 하는 3명의 교사가 수업 연구에 대한 이론적 체계가 아닌, 현장에서의 진솔한 실천 과정을 순도 높게 녹여낸 책이다. 이 속에는 수업에서 실패를 두려워하지 않는, 발랄한 아이들과 함께한 자신의 교실을 용기 있게 들여다보며 묵묵히 실천적 연구자로 살아가는 선생님들의 고민과 성장이 담겨 있다.

뮤지컬 씨, 학교는 처음이시죠?

박찬수 · 김준성 지음 / 값 12,000원

각고의 노력으로 학교 뮤지컬을 개척한 경험과 노하우를 소개한 책. 뮤지컬은 학생들의 삶을 보다 풍요롭게 만듦으로써 학교교육 위기의 대안으로 크게 주목받고 있다. 현장에서 바로 적용하고 고민할 수 있는 현재진행형의 살아 있는 지식이 담겨 있다.

어서 와, 학부모회는 처음이지?

조용미 지음 / 값 15,000원

두 아이의 엄마인 저자가 다년간 학부모회 활동을 하면서 알게 된 노하우와 그간의 이야기들을 담은 책. 학부모회 활동을 처음 시작하는 이들이나, 이미 학부모회에서 활동 중이지만 학교라는 높은 벽에 부딪혀 방향성을 고민 중인 이들에게 권한다.

학교협동조합 A to Z

주수원·박주희 지음 / 값 11,500원

'학교협동조합'의 설립 및 운영과 관련해 학생, 학부모, 교사들이 궁금해할 만한 이야기들을 질문과 답변 형식으로 풀어냈다. 강의 와 상담을 통해 자주 접하는 질문들로 구성했으며, 학교협동조합 과 관련된 개념들을 좀 더 쉽고 빠르게 이해하는 데 중점을 두었 다.

색카드 놀이 수학

정경혜 지음 / 값 16,500원

몸짓과 색카드로 초등학교 1학년부터 6학년까지 배우는 수와 연산을 익힐 수 있도록 가르치는 방법을 다룬다. 즉, 색카드, 수 놀이, 수 맵, 몸짓 춤, 스토리텔링, 놀이가 결합되어 아이들이 다양한 감각을 통해 몸으로 수학의 개념과 원리를 터득하게 하는 것이다. 놀이처럼 수학을 익히면서 개념과 원리를 터득해 나갈 때 아이들은 단순히 수학 지식을 배우는 것이 아니라 그것을 실제로 사용할 수 있는 지혜를 배운다.

처음부터 다시 시작하는 수업
민수연 지음 / 값 13,500원

1년 동안 아이들과 교사가 함께 행복한 교실을 만들어 나간 기록들이 담겨 있다. 교육의 본질과 교사의 역할, 교육관과 인간 본성에 관한 철학적 고민부터 구체적 방법론, 아이들의 참여와 기쁨에 이르기까지 교육과 관련된 다양한 요소가 버무려져 마치 한 편의 드라마 같다.

교육을 교육답게 우리교육 다시 세우기
최승복 지음 / 값 16,000원

20여 년간 교육부 공무원으로 정책을 연구하고 입안해온 저자가 우리 사회가 당면한 교육 문제의 본질과 대안을 명확하게 정리한 책. 저자는 표준화된 교육과정과 평가에 따라 학생들에게 획일성과 경쟁만 강조해왔던 과거의 교육을 단호히 비판하고 학생 개개인에게 맞는 개별화 교육이 필요하다고 주장한다.

독자 여러분의 소중한 원고를 기다립니다

맘에드림 출판사는 독자 여러분의 소중한 원고를 기다리고 있습니다. 원고가 있으신 분은 momdreampub@naver.com으로 원고의 간단한 소개와 연락처를 보내주시면 빠른 시간에 검토해 연락을 드리겠습니다.